Angsthasen, Albträumer und Alltagshelden

Gabriele Pohl

Angsthasen, Albträumer und Alltagshelden

Springer Spektrum

Gabriele Pohl
KASPAR HAUSER INSTITUT für heilende Pädagogik
Kunst und Psychotherapie
Mannheim
Deutschland

ISBN 978-3-662-47007-7   ISBN 978-3-662-47008-4 (eBook)
DOI 10.1007/978-3-662-47008-4

Die Deutsche Nationalbibliothek verzeichnet diese Publikation in der Deutschen Nationalbibliografie; detaillierte bibliografische Daten sind im Internet über http://dnb.d-nb.de abrufbar.

Springer Spektrum
© Springer-Verlag Berlin Heidelberg 2016
Das Werk einschließlich aller seiner Teile ist urheberrechtlich geschützt. Jede Verwertung, die nicht ausdrücklich vom Urheberrechtsgesetz zugelassen ist, bedarf der vorherigen Zustimmung des Verlags. Das gilt insbesondere für Vervielfältigungen, Bearbeitungen, Übersetzungen, Mikroverfilmungen und die Einspeicherung und Verarbeitung in elektronischen Systemen.
Die Wiedergabe von Gebrauchsnamen, Handelsnamen, Warenbezeichnungen usw. in diesem Werk berechtigt auch ohne besondere Kennzeichnung nicht zu der Annahme, dass solche Namen im Sinne der Warenzeichen- und Markenschutz-Gesetzgebung als frei zu betrachten wären und daher von jedermann benutzt werden dürften.
Der Verlag, die Autoren und die Herausgeber gehen davon aus, dass die Angaben und Informationen in diesem Werk zum Zeitpunkt der Veröffentlichung vollständig und korrekt sind. Weder der Verlag noch die Autoren oder die Herausgeber übernehmen, ausdrücklich oder implizit, Gewähr für den Inhalt des Werkes, etwaige Fehler oder Äußerungen.

Planung: Marion Krämer
Einbandabbildung: © Archiv Pohl

Gedruckt auf säurefreiem und chlorfrei gebleichtem Papier

Springer Berlin Heidelberg ist Teil der Fachverlagsgruppe Springer Science+Business Media (www.springer.com)

Dieses Buch ist meinen Kindern gewidmet, die mich das meiste gelehrt haben.

Vorwort

Das Leben ist ein Wagnis und die Angst sein häufiger Begleiter. Verletzlich betreten wir die Welt, zunächst unfähig zu leben ohne die Liebe und die Hilfe anderer Menschen. Bekommt ein Kind die nötige Fürsorge nicht oder nicht in ausreichendem Maße, wird sein Leben bestimmt von dem Gefühl der Ungeborgenheit, der Fremdheit, der Verlassenheit, möglicherweise lebenslang. Schwerwiegende Ereignisse können das Leben erschüttern, auch bei guten Voraussetzungen die Entwicklung hemmen und ein gesundes Aufwachsen infrage stellen.

Stets haben wir uns Herausforderungen zu stellen, Hindernisse zu überwinden, Neues zu erproben. Die Fragilität der eigenen Existenz wird dem Menschen immer wieder vor Augen geführt. Jede Angst ist letztendlich auf das Gefühl der Bedrohung der eigenen Existenz zurückzuführen. Insofern gehört die Angst zum Leben unabdingbar dazu. Ihre Bewältigung ist uns aber nicht von Natur aus gegeben, sondern der Umgang mit ihr muss gelernt werden.

Angstvermeidung ist ein schlechter Ratgeber, er hemmt die Entwicklung, erzeugt Abhängigkeiten und steht der Individuation, als Ziel jeder menschlichen Existenz überhaupt, im Weg.

Meist sind Menschen aber von einem ungeheuren Lebenswillen erfüllt, bereit, sich den Herausforderungen zu stellen, um die eigene Existenz zu ringen, sich etwas abzuverlangen, Mut zu entwickeln.

Voraussetzung hierfür ist die Entwicklung von Vertrauen, Vertrauen in den anderen Menschen, Selbstvertrauen, aber letztendlich auch Vertrauen in das Leben an sich.

In meiner langjährigen Praxis bin ich vielen Kindern begegnet, die unter den denkbar schlechtesten Voraussetzungen zur Welt gekommen sind, die misshandelt, beschädigt an Leib und Seele waren, deren Leben bestimmt war von schrecklichen Ereignissen, von Tod, Trennung und Gefahr, die in beständiger Wachsamkeit und Angst gelebt haben. Tief berührt wurde ich immer von dem Mut, dem Lebenswillen und der Kraft, die diese Kinder dennoch ausgestrahlt haben, ihr Leben meistern zu wollen.

Wie Kinder Handlungsspielräume entwickeln

Die Geschichten, die die Kinder erzählt haben und die hier aufgeschrieben wurden, handeln davon. Nicht immer sind die Schicksale so tragisch. Häufig erzähle ich Geschichten nach, die Kinder in einer Situation gespielt haben, die sie an einem bestimmten Punkt ihrer Entwicklung zeigen, an dem sie ins Stolpern gekommen sind, an dem ihnen durch ihre Lebensumstände Entwicklung verwehrt oder zumindest erschwert wurde. Immer vermitteln diese Geschichten, mit wie viel Lebensklugheit die Kinder unbewusst erfassen, welche Schritte für sie anstehen, was ihnen nottut, was sie ändern müssen.

Und deutlich wird auch, wie gut Kinder ihre ganz eigenen Möglichkeiten nutzen können, sich einem Problem zu stellen, Lösungsmöglichkeiten zu suchen und zu finden. Durch verschiedene kreative Mittel, durch Malen und Gestalten, vor allem aber durch ihr Spiel entwickeln sie wieder Handlungsspielräume, um ihre Ängste zu bannen und damit den nächsten Entwicklungsschritt gehen zu können. Dazu ist es weder nötig, die Dinge zu verbalisieren, noch muss sich das Spiel mit der konkreten Realität befassen. Das, was auf symbolischer Ebene als Lösung gefunden wird, kann das Kind sehr gut auf seine Situation übertragen.

Wie wesentlich das freie Spiel des Kindes für seine seelische Gesundheit ist, soll hier dokumentiert werden. Damit soll nicht nur therapeutisch Tätigen, sondern auch Eltern und Pädagogen Mut gemacht werden, die Bedeutung des freien Spiels in seiner ganzen Dimension wieder stärker zu reflektieren und in den Blick zu nehmen.

Ebenso wichtig für die seelische Gesundheit sind freie künstlerische Ausdrucksmittel wie zum Beispiel das Malen. Viele Kinder scheinen mir heute gehemmt zu werden, sich auf diese Weise auszudrücken, sie malen lieber ab oder malen Mandalas aus. Wird hier zu viel gewertet, begutachtet, korrigiert und so ein Gefühl des Nichtkönnens erzeugt?

Immer mehr wird das freie Spiel heute zugunsten der intellektuellen Förderung zurückgedrängt. Um die Kinder reifen und wachsen zu lassen, um die Entfaltung ihrer Autonomie zu ermöglichen, muss dem Spiel wieder mehr Raum gegeben werden. Nicht nur im Therapeutischen, sondern auch im Alltäglichen nutzt das Kind, sofern man es lässt, diese Möglichkeit zur Selbstwerdung und als Entängstigungsstrategie.

Ein gesundes Kind nutzt diese in ihm steckenden Selbstheilungskräfte, indem es – sofern es den nötigen Raum erhält – seine eigenen häuslichen Spiele spielt. Ist die seelische Gesundheit des Kindes gefährdet, reicht das nicht aus. Wenn das Kind gar nicht mehr in der Lage ist zu spielen, braucht es die Hilfe des Therapeuten. Dieser bietet dem Kind den sicheren Spielraum, gewährt die Unterstützung, begleitet es und geht gemeinsam mit ihm gefährliche Wege. Er ist bereit, Lösungsmöglichkeiten für scheinbar ausweglose Situationen mit ihm zu suchen.

Dass Pädagogen und Eltern ein besseres Verständnis für die Symbolsprache des Spieles gewinnen, ist das Anliegen dieses Buches. Dann wird vielleicht auch deutlich, dass Kindern heute mehr Raum im Sinne von Muße gewährt werden muss, damit sich ihr Spiel überhaupt entwickeln kann.

Ich sorge mich sehr um die Kindheit unserer Kinder von heute, mit all den Erwachsenenallüren, die wir ihnen zumuten, und ihren verplanten Nachmittagen. Ich sorge mich um ihre seelische Gesundheit, wenn das Verständnis dafür, was Kinder brauchen, verloren geht, weil nicht mehr gesehen wird, was das eigentliche Anliegen der Kinder ist und wofür wir ihnen Raum geben müssen.

Angst ist das häufigste Symptom, das hinter Verhaltensauffälligkeiten von Kindern zu finden ist. Angst prägt heute viele Lebenssituationen von Erwachsenen und von Kindern. Ängste werden weitergegeben. Angst lähmt. Kinder brauchen aber Zukunftsmut. Deshalb soll hier verdeutlicht werden, in welcher Weise Kinder ihre Ängste durch das Spiel überwinden können.

Darüber hinaus sollen Hilfen aufgezeigt werden, die das Kind für sich noch erfindet, und solche, die der Erwachsene dem Kind zukommen lassen kann, um ihm die Entwicklung zu einem weltzugewandten, mutigen, autonomen Erwachsenen zu ermöglichen.

Bedanken möchte ich mich an dieser Stelle insbesondere bei den Kindern, die mir während ihrer Therapiestunden so vertrauensvoll ihre Lebensgeschichten in die Hände gelegt haben. Um dieses Vertrauen nicht zu missbrauchen, habe ich die Namen der Kinder und die Lebensumstände insoweit, als damit eine Identifikation verunmöglicht wurde, verändert.

Im Voraus möchte ich vor allem betonen, dass die Kinder in den aufgeschriebenen Spielen ihre ganz eigenen Geschichten erzählen, die weder vom Erwachsenen angeregt, bestimmt, manipuliert, gesteuert oder kommentiert wurden. Allenfalls als Mitspieler wurde der Erwachsene mit einbezogen, aber auch da steuert er nicht, sondern hält sich an die Regieanweisungen des Kindes. Nur das Material in Form von Puppen, Requisiten und Gestaltungselementen wurde den Kindern zur freien Verfügung gestellt.

Ich habe versucht, mich weitgehend auf die Geschichten der Kinder zu beschränken und nur die nötigsten Informationen zum biografischen Hintergrund oder gegebenenfalls zum Krankheitsbild zu geben, um nicht nur Fachleuten, sondern auch Laien die Möglichkeit zu geben, die wirksamen Selbstheilungskräfte, die im kindlichen Spiel stecken, zu verstehen. Fachleuten würde ich auch mit Fachbegriffen nichts Neues erzählen und die Nichtfachleute damit nur langweilen. Gelegentlich habe ich für diejenigen Leser, die mehr psychologische Hintergrundinformationen über die in diesem Buch aufgeführten Phänomene möchten, durch sogenannte „Einschübe" in kleinen Happen für ein bisschen Hintergrundwissen gesorgt. Wer eher an der Praxis interessiert ist, kann diese getrost überblättern.

Inhalt

1 Einleitung 1

2 Angst und Angststörung 5
- Angst als Zeitkrankheit 7
- Wir brauchen Herausforderungen 9
- Voraussetzungen für einen produktiven
  Umgang mit der Angst 11
- Entstehung von Angst 16
- Angst als Werdestörung 18
- Die Symbolsprache der Angst:
  Der böse Wolf und die Hexe 21
- Literatur 26

3 Konfliktbewältigung durch freies Spiel 27
- Wie Kinder das Spiel nutzen 27
- Die Bedeutung der Puppe im kindlichen Spiel 31
- Literatur 38

4 Therapeutisches Puppenspiel 39
- Methodik 39
- Märchen 48
- Archetypen und ihre Bedeutung 52
- Der schöpferische Weg zur Angstbewältigung 56
- Literatur 59

5 Angstgeschichten I 61
Angst kommt von Mangel 61
Frühe Verletzungen 65
Martin: Der Stern, der sich alle Gräten
gebrochen hat 66
Wenn Eltern ihr Kind nicht gewollt haben 72
Literatur 77

6 Angstgeschichten II 79
Geschichten zur Selbstwerdung 79
Wer bin ich? 85
Die eigenen Grenzen definieren 95
Literatur 98

7 Angstgeschichten III 99
Angst vor dem Loslassen 99
Wenn Eltern nicht loslassen können 103
Wenn Kinder nicht Kinder sein dürfen 109
Angst kann man nicht ausreden 113
Literatur 116

8 Angstgeschichten IV 117
Wenn Grenzen verwischen 117

9 Angstgeschichten V 125
Wenn Elternängste zu Kinderängsten werden 125
Wenn Kinder nicht groß werden dürfen 129

10 Angstgeschichten VI 133
Wenn die Welt feindlich ist 133

11 Kinder helfen sich selbst 139
Die Magie der Dinge: das Schmusetuch 140
Schwerter, Muskelmänner und Dinosaurier 143
Mutproben, Geheimnisse und Banden 145
Der sichere Ort 149
Das freie Spiel 151
Literatur 153

12 Die Natur als Therapeutikum 155

13 Eltern helfen ihren Kindern...................... 159
Respekt 162
Die elterliche Hülle................................ 168
Konstanz 176
Sinnespflege 178
Wahrhaftigkeit und Authentizität 182
Spiritualität....................................... 190
Literatur 193

14 Wenn alle Hilfen verweigert wurden und Angst zu Wut wird 195
Franziska: „Mich kann man nicht lieben!" 195
Literatur 200

15 Wenn die Hilfen keine Hilfen sind................. 201
Literatur 203

16 Gelungene Ablösung 205
Greta: Wie die Prinzessin Königin wurde 205

17 Schlussbetrachtung 209

1
Einleitung

Es war einmal eine kleine Prinzessin, die lebte glücklich mit ihren Eltern, dem König und der Königin, in einem Schloss inmitten eines schönen Gartens. Eines Tages nun gingen die Eltern aus und ließen die Prinzessin allein zurück.

Um den Schlossgarten herum aber erhob sich ein dunkler Wald und darin hauste ein böser Wolf. Nun hatten die Eltern eines Tages beim Weggehen vergessen, die Gartentüre zu schließen, und so konnte der Wolf ins Schloss eindringen. Er wollte aber die Prinzessin entführen. Dieses eine Mal gelang es ihr gerade noch, sich rechtzeitig unter dem Bett zu verstecken, sodass der Wolf sie nicht fand.

Als die Eltern am anderen Tag wieder ausgingen und wiederum das Tor nicht richtig verschlossen wurde, kam der Wolf erneut, um die Prinzessin zu holen. Sie wusste aber, dass es ihr nichts nützen würde, sich, wie das vorige Mal, unter dem Bett zu verstecken, und so suchte sie verzweifelt nach einem Ausweg. Da kam auf einmal eine Schlange ins Zimmer, die versprach der Prinzessin zu helfen. Als der Wolf auftauchte, bespuckte sie ihn mit Feuer, und der Wolf sprang jaulend davon.

Damit er aber nicht wiederkommen konnte, verbrannte die Schlange mit ihrem Feueratem den ganzen Wald, und der Wolf konnte nicht mehr darin wohnen. Die Prinzessin war in Sicherheit. Damit aber die kleine Prinzessin ganz gewiss nie wieder Angst zu haben brauchte, gingen die beiden, die Schlange und sie, durch den ganzen verbrannten Wald, bis sie endlich den bösen Wolf fanden. Die Prinzessin schlug ihn mit ihrem Schwert, und die Schlange verbrannte den Wolf mit ihrem feurigen

> Atem, sodass nur noch Asche von ihm zurückblieb. Zur Belohnung bekam die Schlange von den Eltern der Prinzessin viele Goldstücke.

Dies ist die berührende Geschichte eines kleinen, seelisch gesunden sechsjährigen Mädchens, das an Krebs erkrankt ist. Es erzählt in einfachen, klaren Bildern seine eigene Geschichte. Selbstverständlich kann das kleine Mädchen diese Geschichte für sich nicht übersetzen. Ihr Unterbewusstes hat diese Bilder gefunden, die ihr Ordnung und Halt in einer schwierigen Situation geben. Auch die Therapeutin „übersetzt" nichts davon. Das ist auch nicht nötig, das Kind trägt diese hilfreichen Bilder ja in sich.

Die Geschichte erzählt vom Wolf, der, als Symbol ihrer Krankheit, urplötzlich in die kindliche Idylle eindringt. Sie erzählt von seiner primären Verleugnung der Gefahr (das Nicht-Wahrhaben-Wollen: Ich bin ja gut versteckt, wie soll mich da das Unglück treffen) und wie sich das kleine Mädchen Hilfe suchen muss. Dieses Mal kommt sie nicht von den Eltern, sondern von einer Schlange (man kann bei der Schlange durchaus an die Schlange denken, die sich um den Äskulapstab windet, als Zeichen des Ärztlichen, oder an Heilmittel, die in rechtem Maße heilsam, in falschem toxisch wirken). Ja, sogar der Therapieverlauf ist in dieser märchenhaften Geschichte zu erkennen: Die erste Vertreibung des Bösen durch eine massive Kortisonbehandlung, der Entzug der Lebensgrundlage des Bösen durch eine Chemotherapie (das Verbrennen des Waldes) und schließlich das komplette Ausmerzen der Krankheit im Verbrennen des Wolfes.

1 Einleitung

Berührt wird man vor allem von dem Mut des kleinen Mädchens, nicht weiter bessere Verstecke zu suchen, sondern sich der Gefahr zu stellen, Hilfe zu holen, wo es nötig ist, und gleichzeitig den Kampf mit dem Bösen (seiner lebensbedrohlichen Krankheit) auch selbst aufzunehmen. Ebenso zeigt sich, dass das Kind besser als die Erwachsenen weiß, dass es sich vertrauensvoll auf das ärztliche Wissen und die ärztlichen Methoden einlassen kann (da gibt es bezüglich der Schlange kein Erschrecken oder Abwägen, die Prinzessin nimmt ohne zu zögern deren Hilfe an) zu einem Zeitpunkt, als seine Eltern noch sehr verunsichert waren, was denn das Beste sei, und verschiedene Alternativtherapien in Erwägung zogen.

Wie so oft bei dieser Art von Spieltherapie wird sogleich beim ersten Mal das ganze Tableau dessen, was das Kind als Schwierigkeit empfindet und als zu lösende Aufgabe sieht, ausgebreitet. Damit ist zunächst die Lösung skizziert, aber oft ist es noch ein langer Weg, bis man am Ziel ankommt. In diesem Fall handelt es sich um ein emotional stabiles und starkes kleines Mädchen, das durch ein tragfähiges Elternhaus und eigene Ressourcen seine schwierige Situation in seelischer Hinsicht gut verkraftet hat.

Ich möchte diese Geschichte an den Anfang dieser Betrachtungen stellen, weil sie besonders eindrücklich und klar zeigt, auf welche Weise Kinder im Spiel ihre seelische Situation unbewusst erfassen und urbildhaft zum Ausdruck bringen und damit eigene Lösungen für schwierige Situationen finden können. Es lässt vielleicht auch schon ahnen, wie viel hilfreicher das Spiel des Kindes für die Lösung seiner Probleme sein kann als jedes erklärende Gespräch, das ein Kind in dieser Situation überfordern würde.

2
Angst und Angststörung

„Die Angst ist der Schwindel der Freiheit."
Kierkegaard

Angst ist primär etwas Gesundes und Wichtiges. Sie dient als biologisches, seelisches und soziales Warnsystem, das immer dann aktiviert wird, wenn unser Körper, unsere Seele oder wichtige soziale Bezüge in Gefahr sind. Sie bereitet den Menschen so körperlich und seelisch auf eine Gefahr vor. Dadurch entsteht Wachheit und gleichzeitig eine deutlichere Wahrnehmung seiner selbst.

Angst und Furcht werden meist synonym gebraucht. So auch hier in diesen Ausführungen. Der Vollständigkeit halber sei angemerkt, dass die reale Angst auch als Furcht bezeichnet wird. Die instinktive Furcht, die bei einer körperlichen Bedrohung entsteht und die wir auch beim Tier beobachten können, unterscheidet sich bei diesem Verständnis von der vorausschauenden Angst, die eine mögliche schwierige, gefährliche, scheinbar nicht aushaltbare Situation vorausdenkt, vorausfantasiert. Sie ist eine rein menschliche Eigenschaft.

„Nur das Ich kann Angst empfinden." (Anna Freud 1989)

In der Folge erscheint es nicht relevant, diese Unterscheidung zu treffen.

Angst hat viele Facetten und verschiedenste Ursachen. Ganz unterschiedliche Erlebnisse, Erfahrungen, Ereignisse können Angst hervorrufen, äußere Bedrohungen bis hin zu Krieg und Umweltkatastrophen ebenso wie persönliche Erlebnisse von Verlust, Trennung, Krankheit, Tod. Andererseits kann die innere Erlebniswelt in Angstfantasien zu einer ebenso bedrohlichen Wirklichkeit werden. Aber Angst entsteht auch dort, wo ein Entwicklungsschritt ansteht, der zunächst verunsichert, aber notwendig ist zur freien Entfaltung der Persönlichkeit.

Angst macht eng (*angustia*, lateinisch: Enge), lässt uns nicht frei atmen, schnürt uns die Kehle zu. Wir fühlen uns ausgeliefert, unsicher, nicht mehr getragen, bedroht. Angst steht im Gegensatz zu Gefühlen wie Zuversicht, Freude, Hoffnung.

Angst kann aber wohl dazu führen, dass Kreativität entwickelt wird, die zur Lösung und Bewältigung einer schwierigen Situation führt. Aber wenn sie den Menschen dauerhaft oder allzu häufig überflutet, dem Anlass unangemessen ist und das gesamte Lebensgefühl beeinträchtigt, würde man sie krankhaft nennen.

Generell werden Angstkrankheiten unterschieden in:

1. Phobien (Ängste vor bestimmten Dingen, Tieren oder Situationen),
2. generalisierte Angststörungen wie Lebensangst und Existenzangst,
3. Panikstörungen, die plötzlich, ohne äußeren Anlass, auftreten können.

Das ist bis dahin nur eine recht grobe Unterteilung, im Weiteren werden die Ängste und ihre Auslöser noch weiter spezifiziert und individualisiert werden müssen.

Angst als Zeitkrankheit

Angst scheint aber nicht nur ein Begleiter der normalen Individualentwicklung zu sein, sondern auch eine Zeitkrankheit. Krisen und Unsicherheiten aufgrund äußerer Lebensbedingungen nehmen ebenso zu wie Einsamkeitsgefühle durch mangelnde soziale Kontakte, fehlende familiäre Bindungen oder schwierige und instabile Familiensituationen. Ständige Meldungen von Pandemien und Umweltkatastrophen und die Darstellung von Weltuntergangsszenarien führen zu einem Gefühl des Ausgeliefertseins an eine als zunehmend feindlich empfundene Welt, verstärkt durch das Fehlen eines grundlegenden Vertrauens in das Leben. Fehlende Spiritualität wirkt sich hier ebenso gravierend aus wie der Verlust von Tradition, Kultur und Ritualen.

Das alles erleben Kinder nicht nur indirekt durch die Verunsicherung der Eltern, sie sind auch seelisch gefährdet, indem sie heute einer Informationsflut ausgesetzt werden, die sie weder verstehen noch verkraften können. Ihr Zugang zur Erwachsenenwelt ist gerade in dieser Hinsicht viel eher gegeben als früher. Kinder werden heute selbstverständlicher in Erwachsenenthemen einbezogen. Unverarbeitete Eindrücke durch hohen Medienkonsum tun das ihre. Die Eltern wissen oft nicht mehr, was sie ihren Kindern zumuten dürfen und was nicht. Oft werden sie mit Dingen und Ereignissen konfrontiert, die sie noch nicht verkraften können. Kriege, Umweltverschmutzung, Klimawandel, soziale Not, Armut und Krankheit, die Probleme der Erwachsenen werden an sie herangetragen in einem Alter, in dem sie noch die Sicherheit brauchen, dass die Welt es gut mit ihnen und den Menschen, die sie lieben, meint. Nach ihren Ängsten befragt, zählen sie oft die Ängste ihrer Eltern auf: Angst vor der Arbeitslosigkeit der Eltern, vor schlimmen ansteckenden Krankheiten, vor Umweltkatastrophen oder Ähnlichem, das heißt, viele Eltern übertragen ungewollt ihre eigenen Ängste auf ihre Kinder.

Wenn andererseits Kinder kindliche Ängste äußern, meint man oft verharmlosen und sie übertrieben schonen zu müssen. Dazu später mehr.

Die Tendenz ist heute, Kinder von allen möglichen Dingen fernzuhalten, die ihre leibliche Sicherheit gefährden. Viele Abenteuer, vor allem draußen in der Natur, wie sie ihre Großeltern noch erleben konnten, kennen Kinder heute fast nur noch aus Erzählungen. Viele Kinder haben nur noch einen sehr eingeschränkten Kontakt zur Natur. Das Emnid-Institut hat im Auftrag des Forums Bildung Natur Ende 2014 eine Befragung bei über 1000 Eltern durchgeführt. Das Ergebnis war: 49 % der Kinder zwischen vier und zwölf Jahren sind noch nie auf einen Baum geklettert. Je jünger die Eltern waren, desto geringer wurde die Zahl der Kinder, denen man das zutraute. Bei Eltern unter 29 Jahren waren es nur noch 33 %. (Quelle: Süddeutsche Zeitung vom 12.2.2015) Dass man sich nachmittags einfach draußen mit anderen Kindern zum gemeinsamen Spiel auf der Straße, in Höfen und unbebauten Geländen trifft, gehört auch der Vergangenheit an. Am besten sollen Kinder nach heutiger landläufiger Meinung zu Hause und unter ständiger Aufsicht bleiben.

Wenn der Erwachsene aber aus eigener Angst den Tätigkeitsdrang des Kindes beschränkt, fühlt es dessen Angst und verliert infolgedessen sein Selbstvertrauen.

Wir brauchen Herausforderungen

Um die „Krone der Welt" überwinden zu können, müssen sich Jim Knopf und Lukas, der Lokomotivführer – in dem gleichnamigen Buch von Michael Ende – auf eine gefahrvolle Reise begeben. So gelangen sie auch in eine Wüste: Sie heißt „Ende der Welt", und dort wohnt ein Riese. Jim Knopf hat große Angst vor ihm, aber Lukas geht beherzt auf ihn zu, und das Unglaubliche geschieht: Der Riese Tur Tur wird, je näher sie ihm kommen, immer kleiner. Am Ende ist er sogar kleiner als Lukas. Aus Angst vor seiner Größe laufen die Menschen immer vor ihm weg, was ihn, weil er ein Scheinriese ist, immer noch größer erscheinen lässt. Der Scheinriese ist sehr froh, dass es endlich jemand gewagt hat, sich ihm zu nähern, denn er ist bisher sehr einsam gewesen. (vgl. Ende 2004)

Wenn wir vor unseren Ängsten davonlaufen oder unsere Kinder vor jeder angstmachenden Situation schützen wollen, erzeugen wir Scheinriesen, die uns und unsere Kinder in den Lebensvollzügen erheblich einschränken.

Wir brauchen, um uns entwickeln zu können, Situationen, die uns herausfordern, Situationen, in denen wir eigene Grenzen überschreiten müssen, die Angst machen, aber auch Mut entwickeln lassen.

Deshalb müssen wir uns klar machen, wo Angst ein Teil des Lebens ist und ihren rechten Platz hat, und wo Angst krankmachend wirkt.

Wie oft haben wir Angst vor der Angst, dabei ist sie unser Retter in vielen Situationen. Ohne Angst wären wir nichts weiter als tollkühn und würden unser Leben und gegebenenfalls das Leben anderer aufs Spiel setzen. Angst auszuhalten, da wo es sinnvoll ist, und nicht vor der Angst machenden Situation wegzulaufen, stärkt das Ich.

Außerdem: Wenn wir unser eigenes Wohlergehen als einziges Kriterium eines sinnvollen Lebens ansehen und Freisein von Angst so hoch einschätzen, dass wir unser Leben niemals für eine Überzeugung oder einen anderen Menschen aufs Spiel setzen, wie könnten wir dann unser Menschsein erfüllen? Wenn wir in einer weitgehend sicheren Situation leben ohne äußere Bedrohung durch Krieg oder Ähnliches, aber niemals etwas anderes anstreben als nur persönliche Sicherheit, dann kann man diese Haltung nicht positiv bewerten. Wenn ein Jugendlicher sich nur an eine Gruppe Gleichaltriger oder einer anderen Gemeinschaft anschließen kann unter dem Anpassungsdruck, die Gedanken der anderen unkritisch annehmen zu müssen, dann dient diese Anpassung weder ihm noch der Gesellschaft. Wenn ein Kind in der Schule brav ist aus Angst, eine von den anderen abweichende Haltung einzunehmen oder seine Meinung zu äußern – von welchem Wert kann dann die Anpassung dieses Kindes sein? Wenn eine ganze Familie aus Angst vor einem tyrannischen Vater still hält und sich nicht wehrt, dient das keinem. Wie häufig hören wir von Situationen, in denen Menschen Gewalt von anderen erfahren und, obwohl es genügend Zeugen gibt, keine Hilfe erhalten.

Demnach bedeuten gegebenenfalls das Aushalten von Angst und das Entwickeln von Mut, dass wir einer höheren

Idee von Moralität folgen. Indem wir diese über die eigene Sicherheit stellen, erfüllen wir damit die ethisch-sozialen Forderungen einer menschlichen Gemeinschaft und wachsen gleichzeitig über unseren Egoismus hinaus.

Anzustreben wäre ein Gleichgewicht zwischen den Forderungen des eigenen Gewissens und der Gesellschaft einerseits und den grundlegenden egoistischen menschlichen Bedürfnissen andererseits.

Was also brauchen Kinder, damit sie dieses Gleichgewicht herstellen können zwischen individuellem Ich und sozialem Ich, zwischen den moralischen Forderungen des Gewissens und den eigenen Sicherheitsbedürfnissen? Was müssen wir tun, damit die Angst als bezwingbar erlebt wird und nicht als lähmend?

Wenn wir die Natur des Kindes in seinen unterschiedlichen Entwicklungsphasen und die dazugehörigen Ängste verstehen, sind wir am besten im Stande dem Kind zu helfen, eigene Kräfte zu entwickeln, damit es mit seinen Ängsten fertig wird.

Wenn wir seine spezifische Lebenssituation, seinen Kummer, seine Bedrängnis, seine Nöte zu verstehen suchen, ist es hilfreich, sein Spiel zu beobachten.

Voraussetzungen für einen produktiven Umgang mit der Angst

Die spontane Reaktion auf Gefahr ist Angst. Zu Beginn seines Lebens verhält sich das Kind so, als wäre jedes unerwartete Ereignis eine Gefahr. Es bekommt einen Schrecken durch ein plötzliches lautes Geräusch oder wenn die Mutter verschwindet. Vieles löst im kleinen Kind Angst aus. Wenn es weiterhin mit Schrecken und Hilflosigkeit auf all diese Ereignisse reagieren würde, dann könnte es kaum in unserer Welt überleben.

Aber das Kind macht Erfahrungen, und zwar in erster Linie körperlicher Art: Es bekommt in der Regel die nötige Fürsorge, regelmäßige und ausreichende Nahrung, Pflege, Wärme und Zuwendung durch einen verlässlichen Erwachsenen. Gehen wir einmal davon aus, dass es diesen Erwachsenen im Leben des Kindes gibt, der zuverlässig und bindungsfähig ist, dann kann es die Anregungen bekommen und zulassen, die der Erwachsene ihm zu geben bereit ist.

Vor allem über die Anregung des Tastsinnes durch Körperpflege und schützende Kleidung, durch Tragen, Trösten, Zärtlichkeit, Wiegen und körpergebundene Spiele wird dem kleinen Kind eine das ganze Leben überstrahlende innere Grundsicherheit vermittelt. Es erlebt sich dadurch als in seinem Körper beheimatet. Der Tastsinn verbindet es mit der Welt und grenzt es gleichzeitig von dieser ab. Unsere Seele verankert sich über den Tastsinn in der Welt.

Wenn das Kind größer geworden ist, macht es sanfte und unsanfte Erfahrungen mit der Welt: durch Krabbeln, Erobern, Ausprobieren, Hinfallen, Aufstehen, Klettern, Räume erweitern; im besten Falle begleitet durch den ermutigenden Erwachsenen, der als Retter in der Not zur Verfügung steht, ohne das Kind permanent in seinem Tun zu unterbrechen oder gar davon abzuhalten.

Ein gesundes Kind ist in den ersten Lebensjahren getragen von dem Gefühl, dass die Welt gut ist, es erlebt sinnhaftes Tun des Erwachsenen und damit Sinn überhaupt. Es erlebt die Welt als gestaltbar und heil. Und es ist in seinem tiefsten Innern davon überzeugt, dass da, wo es sie nicht als heil erlebt, sie heil gemacht werden kann. Man nennt dieses tragende Grundgefühl in der Psychologie „Kohärenz".

Ein gesundes Kind ist resilient, das heißt, es hat genügend Selbstwirksamkeitserfahrungen gemacht, um sicher zu sein, dass es Widerständen begegnen kann und es sie meistert, dass es sich auf sich selbst verlassen kann und dass es dann, wenn es selbst nicht mehr weiter kommt, Hilfe suchen und erhalten kann.

Eine der wesentlichen Voraussetzungen für das Wagnis der Existenz ist das Selbstvertrauen und die damit verbundene Hoffnung auf Gelingen.

> Trost, Zuversicht, Hoffnung und Geborgenheit sind die besten Mittel, die wir dem Kind gegen die Angst mitgeben können.

Das kleine Kind hält seine Eltern für mächtige magische Wesen. Es muss fühlen, dass es sich auf sie verlassen kann, um seine Ängste zu verlieren. Die späteren Fähigkeiten, mit Angstsituationen fertigzuwerden, gründen auf den Erfahrungen der frühen Jahre. Selbst wenn das Kind ohne den Schutz der Eltern auskommen muss, trägt es doch das Bild des mächtigen Vaters und der allmächtigen Mutter in sich, um sich Mut zu machen. Die Beschützerrolle der Eltern – da, wo sie wirklich angebracht ist und nicht auf Überängstlichkeit beruht – ist so lebenswichtig in der frühen Kindheit, dass die Kinder, sogar wenn sie ungewöhnlichen Gefahren ausgesetzt sind, keine besonders große Angst haben – in Gegenwart der Eltern.

Verlassenheit, fehlende Geborgenheit und Fremdheit lassen uns mit unserer Angst allein.

Auf die Bedeutung der Bindung in den ersten Lebensjahren für eine sichere Ausgangsbasis zur Angstbewältigung und des Entstehens von Selbstvertrauen wird noch näher eingegangen werden.

Auf der seelischen Ebene hilft die Wiederholung der Angst machenden Erfahrungen und deren Auflösung dem Kind, mit dem Gefühl der Gefahr fertigzuwerden. Die Angst verringert sich in dem Maße, in welchem das Kind auf gemeisterte Gefahren zurückblicken kann. Es wird zunehmend sicherer, weil es lernt, die Gefahr vorwegzunehmen und sich auf sie vorzubereiten.

Einschub: Grundformen der Angst

Hier möchte ich einen hilfreichen theoretischen Ansatz zum Verständnis der Angst vorstellen, der allerdings nur in Grundzügen wiedergegeben werden soll:

Fritz Riemann beschreibt in seinem nun mehr als 50 Jahre alten Werk *Grundformen der Angst* (2003) vier Grundphänomene der Angstentstehung, die er mit kosmischen Gegebenheiten vergleicht. Der Planet Erde gehorcht den gleichen Urimpulsen wie der Mensch. Die Erde kreist um die Sonne und ist so eingebettet in den Kosmos wie der Mensch eingebettet ist in seinen sozialen Umkreis. Sie dreht sich aber auch um sich selbst. Wir können das mit dem Eigensein des Menschen vergleichen, mit der Unabhängigkeit von äußeren Einflüssen.

Weiter gibt es zwei Impulse, die das Weltsystem in Bewegung halten: die Schwerkraft und die Fliehkraft. Die

Schwerkraft hält die Erde zusammen, wir können sie vergleichen mit dem Verlangen des Menschen nach Dauer und Beständigkeit. Und die Fliehkraft, die in die Weite drängt, ähnelt seiner Tendenz nach Wandlung und Veränderung.

So beschreibt Riemann vier grundlegende Bedürfnisse des menschlichen Daseins:

1. sich eingliedern wollen,
2. sich behaupten wollen,
3. sich binden wollen,
4. sich verändern wollen.

Würde einer dieser Grundimpulse fehlen, wäre Chaos oder Erstarrung die Folge. Das heißt, diese vier Impulse müssen ausgewogen sein. Das gilt sowohl für den Kosmos als auch für die menschliche Seele. Das Kind erlangt Daseinssicherheit und Urvertrauen, es entwickelt Selbstbewusstsein und Kreativität, wenn es ihm ermöglicht wird, diese Bedürfnisse in Ausgewogenheit zu leben.

Ist das nicht der Fall, entsteht Angst:

Wird das Bedürfnis, sich vertrauensvoll der Welt und dem Leben zuzuwenden, enttäuscht, entsteht die Angst vor der Hingabe. Das Kind entwickelt Angst vor Nähe, wird misstrauisch und unsicher. Riemann spricht hier von der Tendenz zur schizoiden Persönlichkeit.

Wird dem Kind nicht ermöglicht sich abzugrenzen, bleibt es zu lange und zu stark gebunden, entsteht daraus die Angst vor Ungeborgenheit und die Angst vor Einsamkeit.

Riemann nennt hier die depressive Persönlichkeitsstörung als mögliche Folge einer extremen Einseitigkeit in diesem Sinne.

Fehlen dem Kind die fundamentalen Erfahrungen von Sicherheit und Geborgenheit, die aus guten Gewohnheiten, Ritualen und Rhythmus entstehen, erlebt es die Angst vor Veränderung, vor allem Neuen. Zwanghafte Persönlichkeiten können sich nach Riemann daraus entwickeln.

Wird dem Veränderungswillen, dem Wunsch des Kindes selbstständig zu werden, nicht adäquat nachgegeben, entsteht die Angst vor dem Unausweichlichen, vor dem Notwendigen und davor, festgelegt zu werden. Hier nennt er die Hysterie als Extremvariante dieser Grundstruktur.

Die genannten vier Krankheitsbilder, die aus den Zerrformen der Grundstrukturen entstehen können, treffen selbstverständlich nicht auf Kinder zu. Wir dürfen hier den Entwicklungsaspekt nicht aus den Augen lassen. Eine Persönlichkeitsstruktur manifestiert sich erst im Erwachsenenalter. Es soll damit nur eine Tendenz verdeutlicht werden.

Entstehung von Angst

Jede Entwicklung, jeder Reifungsschritt ist mit Angst verbunden. Alles Neue, Unbekannte bedeutet neben dem Reiz, den jedes Neue hat, auch Verunsicherung. Reifen und Erwachsenwerden haben insofern immer mit Angstüberwindung zu tun. Scheuen wir aus Angst vor der neuen Situation zurück, blockieren wir den nächsten anstehenden Entwicklungsschritt.

2 Angst und Angststörung

Angst ist Teil unseres Menschseins, sie gehört zum Leben dazu, weil wir körperlich, seelisch und geistig in Entwicklung begriffene Individuen sind, die neue Lebensabschnitte beginnen, weil wir uns in neue und andere Sozialformen begeben, uns von Gewohnheiten lösen wollen und sollen. Wir sollen und wollen uns aus der frühen Gemeinschaft der Familie fortentwickeln, um eigenständig zu werden, um zu individualisieren. Je mehr wir uns trennen, uns unterscheiden, desto einsamer werden wir. Wir fallen aus der naturgegebenen Einheit heraus. Carl Gustav Jung nennt diesen Prozess „Individuation".

Dabei ist Individuation keineswegs gleichzusetzen mit Individualismus, sondern hat genauso Beziehungsfähigkeit, Sozialfähigkeit zum Ziel, hat mit Verwirklichung von Lebensmotiven und Ausbildung von im Menschen veranlagten Fähigkeiten zu tun. Darauf wird noch näher eingegangen werden.

Riskieren wir solche Entwicklungsprozesse nicht, oder versucht uns jemand zurückzuhalten, nötige Schritte zu gehen, bleiben wir in nicht entwicklungsgemäßen Stadien verhaftet.

> Was uns vor übergroßen Ängsten bewahrt, sind Eigenschaften wie Mut, Vertrauen in uns selbst, Glaube, Zuversicht und die Erfahrung, schwierige Situationen schon gemeistert zu haben.

Die Angst steht dem Menschen dann im Weg, wenn sie zu groß ist. Die Unfähigkeit, der Gefahr gewachsen zu sein, kann zu einem Gefühl der Hilflosigkeit und Unzulänglichkeit führen, zu Fluchtreaktionen, neurotischen Symptomen oder antisozialem Verhalten. Nur in solchen Fällen können wir die Angst pathologisch nennen.

Sie verschlingt bei neurotischem Verhalten einen großen Teil der Energie, die der Entwicklung des Ichs dienen sollte. Die Energie muss dann weitgehend in Abwehrmechanismen investiert werden. (Das wird zum Beispiel bei Zwangshandlungen deutlich.) Dadurch wird das Ich geschwächt. Jedes Mal, wenn ein unterschwelliger Konflikt in der Persönlichkeit offen auszubrechen droht, entsteht Angst. Diese erzeugt dann beispielsweise Zwangshandlungen und Tics, die schon im Kindesalter auftreten und das Leben des Kindes wie auch des Erwachsenen erheblich beeinträchtigen können.

Angst als Werdestörung

Bei Kindern ist allerdings immer der Entwicklungsaspekt zu berücksichtigen. Massive Ängste können in Entwicklungskrisen auftreten, aber auch bald wieder verschwinden. Insofern ist immer ein wesentliches Kriterium für die Diagnose einer Angststörung die Persistenz der Angst über mindestens sechs Monate.

Andererseits ist aber auch unumstritten, dass bei Angststörungen im Erwachsenenalter von unbewältigten oder unzureichend verarbeiteten Konflikten in der Kindheit ausgegangen werden muss. Angst wird von C. G. Jung auch als „Werdestörung" bezeichnet. Sie lässt den Menschen vor dem Leben zurückweichen, davor, nötige Schritte zu gehen, die unabdingbar sind für seine weitere Entwicklung.

Entwicklung hin zu etwas Unbekanntem birgt immer ein Risiko. Vermeide ich jedes Risiko, scheint das erst einmal Sicherheit zu geben. Die Angst, die durch Veränderung entsteht, ist also, ganz allgemein gesagt, Todesangst. Im Konkreten ist sie Verlustangst, aber auch gleichzeitig die Angst vor zu starker Bindung.

Trennungs- und Verlustängste sind immer mit der Individuation in Zusammenhang zu sehen. Prägend für diese Ängste ist der Entwicklungsabschnitt im menschlichen Leben, den Margret Mahler in ihrem Werk: *„Die psychische Geburt des Menschen"* (2008) die „Separation-Individuationsphase" genannt hat. Sie bezeichnet diese Phase der ersten drei Jahre des Kindes als die bedeutsamsten für das Autonomiebestreben und die damit verbundene Trennungsangst.

Hat das Kind eine stabile Bindung zur Mutter entwickelt, hat es Verlässlichkeit erlebt und Sicherheit, kann es die nötigen Entwicklungsschritte vollziehen. Dennoch ist jeder Entwicklungsschritt von Angst begleitet. Das Kind erlebt sich zunehmend als abgetrennt von der Mutter, dadurch erlebt es zwar Autonomie, gleichzeitig droht ihm Objektverlust. Die anfangs symbiotische Beziehung wird aufgelöst und ist somit verbunden mit dem Gefühl von Einsamkeit. Wird der Ablösungsprozess vom Erwachsenen verhindert oder gestört, indem er das Kind in seiner bislang wahrgenommenen bedürftigen, abhängigen Rolle belassen will, wird die „autonome Fortbewegungsfunktion des Ichs" (Mahler 2008) gestört.

Zu diesem Zeitpunkt der Entwicklung, wenn das Kind sich von der Mutter zu lösen beginnt, kommt nun die dritte Person ins Spiel, in der Regel ist das der Vater. Gelingt es dem Vater, nun vermehrt präsent zu sein und einen wesentlichen Part in der Erziehung zu übernehmen, und kann die Mutter die väterliche Rolle, die sich in vielem von ihrer Rolle unterscheidet, als gleichwertig ansehen, so erfährt das Kind Entlastung. Es kann sich nun zunehmend dem Vater zuwenden und hat damit die Möglichkeit, sich aus der engen Beziehung zur Mutter ein Stück weit zu lösen. Diese sogenannte „Triangulierung" (damit ist ein innerpsychischer Vorgang gemeint, nicht das Vorhandensein eines Dritten) ermöglicht es, eine zunehmende Autonomie zu erlangen.

Gelingt dies nicht, zum Beispiel, weil der Vater abwesend ist und auch keine andere dritte Person diese Rolle übernehmen kann, und ist die Mutter nicht in der Lage, ihrem Kind die erste Ablösung zu ermöglichen, wird die symbiotische Beziehung unter Umständen noch nicht als Problem wahrgenommen. Spätestens mit drei Jahren wird die Situation aber prekär. Dann taucht in einer nächsten Entwicklungsphase das Thema Ablösung mit großer Wahrscheinlichkeit wieder auf und wird erneut und mit größerer Heftigkeit vom Kind thematisiert. (Genaueres hierzu s. Abschn. *Die elterliche Hülle*, Einschub *Triangulierung*.)

Im pathologischen Falle bleibt die symbiotische Beziehung weit über das frühe Kindesalter erhalten, das Kind erlebt sich nicht als ein von der Mutter getrenntes Selbst, dadurch auch nicht als von der Welt getrennt.

Welchen Weg Kinder unter anderem gehen, um sich vom mütterlichen Selbst lösen zu können, soll im nächsten Kapitel verdeutlicht werden.

Die Symbolsprache der Angst: Der böse Wolf und die Hexe

„Kinder glauben an die Kraft der Phantasie, daran, dass man mit ihr zaubern kann. Wenn die Phantasie also Monster und Räuber zu schaffen vermag, dann kann sie sie auch bekämpfen und besiegen." (Rogge 2005, S. 159)

Kinder fürchten sich oft vor Angst einflößenden Fantasiegestalten.

Es gibt in ihrer Fantasie nicht nur gute Feen und schöne Königinnen, sondern auch Hexen und wilde Tiere, die in das Paradies der frühen Kindheit eindringen. Woher kommen die Ängste vor dem Krokodil unterm Bett, vor der bösen Hexe und dem allmächtigen schrecklichen Zauberer?

Aus der Sphäre des Unbewussten tauchen bei allen Kindern – auch wenn sie noch so „aufgeklärt" erzogen werden – diese Bilder auf, die sie ängstigen. Der Beginn dieser ängstigenden Fantasien liegt meist um das dritte Lebensjahr, in einem Alter also, in dem das Kind eine erste Wahrnehmung des Abgetrenntseins von der Mutter und damit sein Eigensein erlebt.

> Das Unbewusste des Kindes „übersetzt" seine diffusen, unbenennbaren Ängste und Gefühle in Bilder, so werden sie für das Kind anschau- und handhabbar.

Selbst die geliebten Eltern verwandeln sich in den Augen des Kindes gelegentlich in Ungeheuer. Weil es für das Kind schwer ist, mit der Tatsache fertigzuwerden, dass auch die Mutter manchmal – in den Auge des Kindes – böse ist, spaltet es die Mutter sozusagen in zwei Bilder auf: in die gute Mutter und in die böse Mutter. Im Laufe der Zeit lernt es, beide Seiten innerlich zu integrieren. Aber solange es das noch nicht kann, taucht die strafende Mutter, die verwehrende Mutter, als böses Ungeheuer in der Fantasie des Kindes auf. Dadurch bleibt der geliebte Anteil der Mutter unbeschädigt.

Es wird sicher nicht gelingen, die Hexen und Ungeheuer aus dem Leben der Kinder zu verbannen, indem zum Beispiel „diese schrecklichen blutrünstigen Märchen" vermieden werden, aber es kann das Kind befähigt werden, mit seinen Ängsten umzugehen.

Jedes Kind entwickelt bei der Angstbewältigung ganz individuelle Möglichkeiten, zum Beispiel in Form von Fantasiefiguren, die es unsichtbar begleiten und beschützen, Schwertern und Pistolen, die nächtliche räuberische Überfälle vereiteln sollen. Übergangsobjekte, Schmusetücher oder Kuscheltiere machen die Abwesenheit der Mutter erträglicher. Davon später mehr.

Die Volksmärchen, deren Bilder aus der gleichen Quelle stammen wie die inneren Bilder der Kinder, sind dabei eine große Hilfe. Hier fühlt sich das Kind in seinem Innersten verstanden. Die Attribute, denen man hier begegnet, und die Gestalten, die hier auftauchen, werden wir im therapeutischen Puppenspiel wiedertreffen. Dann wird noch einmal deutlicher werden, wie genau sich das Kind dieser Urbilder bedient.

In den Märchen (hier sind die originären Volksmärchen gemeint, beispielsweise die der Brüder Grimm im Gegensatz zu den sogenannten Kunstmärchen, die Dichtermärchen sind und einen individuelleren Charakter tragen) geht es thematisch meist um einen Individuationsweg. Dabei gibt es Märchen, die die damit zusammenhängende Angst und deren Notwendigkeit zur Entwicklung eines reifen Menschen verbildlichen, am schönsten vielleicht im Märchen *Von einem, der auszog, das Fürchten zu lernen* ins Bild gebracht. Verwiesen sei in diesem Zusammenhang auf Verena Kast, die dieses Märchen in ihrem Buch *Wege aus Angst und Symbiose* (1996) näher betrachtet hat.

Märchenhelden

Der Held dieses Märchens wird als einer beschrieben, dem, obwohl so keck, sichtlich etwas fehlt, was ihn zum ganzen Menschen machen könnte. Ohne am Ende seine Keckheit zu verlieren, hat er doch durch die Konfrontation mit der Angst, durch das Erleben von Sterben und Tod, also mit dem Bewusstwerden der eigenen Vergänglichkeit, etwas für sein Leben Notwendiges gelernt. Dadurch erscheint er uns menschlicher, und er ist im Stande, eine Beziehung zu einer Frau aufzunehmen.

Das Märchen zeigt in schöner Weise auch auf, wie der Held mit den gestellten Schwierigkeiten zurechtkommt. Er bleibt Herr der Lage, weil er listig ist, das heißt, weil er fähig ist, sich dem Problem zu stellen, hinzuschauen, den anderen zu durchschauen und dann aktiv zu handeln.

> Der in vielen Märchen dargestellte Weg der Individuation ist ein Weg, der mit Angst und ihrer Bewältigung zu tun hat.

Die Ablösung von der Mutter taucht als angstauslösendes Moment häufig in den Märchen auf (mehr dazu im Abschn. *Märchen*).

Dass Kindern die Symbolsprache dieser Urbilder in einer für sie oftmals unverständlichen Welt eine wirkliche Hilfe ist, kann das Beispiel der kleinen Marie verdeutlichen.

Marie und der gefährliche Drache

Marie ist gerade acht Jahre alt, als ihr Papa an einem Hirntumor stirbt. Seinem Tod ging eine lange schwierige Zeit voraus, in der das Kind erleben musste, wie sich – bedingt durch die Krankheit – das Wesen des geliebten Papas veränderte. (In einem ihrer Spiele entpuppt sich ein Kaninchen später als böser Drache.)

Das Kind war sehr verstört, versuchte sich dem Vater zu entziehen, indem es sich dauernd bei Freunden einlud, um nicht zu Hause sein zu müssen. Marie wurde gleichzeitig überängstlich und aufsässig. Sie äußerte der Mutter gegenüber, sie wolle einen anderen Papa haben.

In einem Bild malt sie ihn, von der übrigen Familie abgetrennt, schon zwischen Himmel und Erde, auf dem Weg in eine andere Sphäre. Die Auszeichnung der Figuren durch die Sonnenkleider und die Himmelskrone (laut Maries Beschreibung) macht die Ambivalenz deutlich, die sie empfindet, denn nach wie vor liebt sie ja ihren Papa.
Um mit dem inneren Groll, den sie gegen den früher eher sanftmütigen, nun aber oft aufbrausenden, zu Gewalthandlungen neigenden Vater hegt, zurechtzukommen und mit der Angst, die sie vor ihm hat, weil sie nicht weiß, wo ihr lieber Papa geblieben ist, greift sie zu folgendem Mittel:

Sie symbolisiert das, was die Krankheit aus ihrem Papa gemacht hat, im Bild der Hexe, die den Vater verzaubert hat.

> Zunächst ist die Hexe unsichtbar, lediglich die Atmosphäre um die Königin und ihre beiden Kinder verändert sich, wird unheimlich und verstörend. Gelegentlich hören sie das unheimliche Lachen der Hexe. Die Hexe hat es auf ihre Schätze abgesehen, das wissen sie. Und auch dass der Vater in Gefahr ist.
> Eine Weile können der Prinz und die Prinzessin der Familie die Hexe noch vom Leibe halten, auch der König selbst wird eine Zeitlang die Wache über die später gefangene und eingesperrte Hexe übernehmen, aber dann ist er zu müde.
> Auch als Bruder und Schwester im Wald picknicken wollen, ist er zu müde, um sie zu begleiten. („Du kannst uns doch jetzt nicht im Stich lassen, wer weiß, was uns alles passieren kann!") Schließlich wird der König von der Hexe gefangen und verzaubert. (Dass die Hexe sich immer wieder befreien kann, liegt eben an ihrer Zauberkraft.)
> Die Kinder wollen den Vater befreien, aber ihr Licht, das sie im dunklen Wald brauchen, wird immer wieder vom Wind ausgeblasen. In vielen weiteren Spielen taucht das Licht auf, das nicht ausreicht oder ausgeblasen wird, wenn die Kinder den Vater suchen gehen.

Wer sollte auch Licht in die schwierige Lage des Vaters bringen? Das ganze Umfeld war von der Situation des Patienten überfordert, der ihre Liebe und Fürsorge brauchte, aber es allen durch seine Unberechenbarkeit so schwer machte.

> Der verzauberte Vater kommt ins Krankenhaus, aber es geht ihm auch dort nicht besser. Gegen Verzauberung können Ärzte nichts ausrichten. Die Prinzessin hat auch immer „so ein komisches Gefühl", wenn sie bei ihm ist. Als er stirbt, will die Königin zu ihm, die Kinder halten sie aber zurück, weil sie die Mutter brauchen, und die Tochter macht ganz viele Lichter an, „damit es schön hell wird." Damit die Hexe sie nicht auch noch findet, verkleiden sie sich.

Tatsächlich ist das Kind wie verwandelt nach dem Tod des Vaters, umsorgt den kleinen Bruder, ist freundlich und hilfsbereit.

Die Mutter reagiert darauf mit Entsetzen, weil sie glaubt, ihre Tochter trauere nicht um ihren Vater. Das Spiel hilft auch ihr, die innere Welt ihres Kindes besser zu verstehen.

Literatur

Ende M (2004) Jim Knopf und Lukas, der Lokomotivführer. Thienemann, Stuttgart

Freud A (1989) Einführung in die Technik der Kinderanalyse. Fischer, Berlin

Mahler M (2008) Die psychische Geburt des Menschen. Fischer, Berlin

Riemann F (2003) Grundformen der Angst. Reinhardt, München

Rogge J-U (2005) Ängste machen Kinder stark. Rowohlt, Hamburg

3
Konfliktbewältigung durch freies Spiel

Wie Kinder das Spiel nutzen

Vor allem in den verschiedenen Rollenspielen, die das Kind erfindet, erarbeitet es sich Entängstigungsstrategien und setzt der Willenslähmung, die durch die Angst hervorgerufen wird, die Tat entgegen, wenn auch noch im geschützten Rahmen und mit der Möglichkeit, verschiedene Lösungen auszuprobieren. Das Fantasiespiel ist Probehandeln.

„Ein Kind, das seine Fantasie benutzt, um seine Probleme zu lösen, arbeitet an seiner eigenen geistigen Gesundheit." (Fraiberg 1996, S. 28)

> Auch die eigene innere Gefühlswelt, beispielsweise der Zorn oder die Eifersucht machen Angst und müssen im Spiel bewältigt werden.

Kinder müssen lernen, die Angst anzunehmen, aber nicht sie hinzunehmen. Die Konfrontation mit der Angst stellt eine Notwendigkeit auf dem Entwicklungsweg dar.

Das Leben wird dem Kind aber umso bedrohlicher erscheinen, je weniger es aktiv eingreifen kann und darf.

Grenzüberschreitungen

Außer den für die gesunde seelische Entwicklung erschwerten äußeren Bedingungen, die ich oben angeführt habe, müssen wir uns vergegenwärtigen, um wie viel weniger Kindern heute Situationen zugemutet bzw. erlaubt werden, in denen sie sich selbst erproben dürfen, in denen sie ihre eigenen Grenzen überschreiten können, in denen sie erleben können, wie sie an der eigenen Angstüberwindung wachsen. Das freie Spiel, vor allem draußen, ist ihnen entweder verwehrt oder es wird zumindest deutlich eingeschränkt, und selten sind Kinder ohne Aufsicht eines Erwachsenen. Wenn man dazu noch bedenkt, in welchem engen Zeitrahmen sich Kinder heute bewegen, weil sie oft von einem Termin zum nächsten eilen müssen und ihnen wichtige Zeit zum Spielen fehlt, mit dem sie ihre Eindrücke verarbeiten könnten, müssen wir uns nicht über die Zunahme an psychischen Störungen bei Kindern und Jugendlichen wundern. Diese werden mittlerweile auf 20 % beziffert, wobei die Angststörungen den obersten Rang einnehmen. Gleichzeitig muss davon ausgegangen werden, dass Angst als Begleiterscheinung aller anderen seelischen Erkrankungen gesehen werden muss.

Welche Rolle kommt nun insbesondere dem Spiel des Kindes zu?

Primär dient das Spiel dem Kind, sich mit der Welt vertraut zu machen, seinen Körper als zuverlässiges Instrument zu begreifen, sich über seinen Körper mit der Welt zu verbinden. Das Kind will sich erproben, seine eigenen Grenzen kennenlernen und überwinden, vielfältige Erfahrungen mit allen seinen Sinnen machen, Sicherheit gewinnen und Mut entwickeln. Mehr zu diesem Thema in Pohl (2014).

Im seelischen Bereich hat das Spiel eine andere Funktion.

> Seelenerlebnisse, die nicht verarbeitet sind, nisten sich im Seelenleben des Kindes ein und wirken krankmachend.

Wenn der Atmungsprozess zwischen Seele und Welt, der das Gefühlsleben ausmacht, durch zu starke Eindrücke von außen gestört ist, hat das zur Folge, dass das Kind dann nur Außenwelt „einatmet", sie aber sozusagen nicht „ausatmen" kann.

Die meisten Kinder können Eindrücke, solange sie nicht übermächtig werden, im freien Spiel bearbeiten, verwandeln, handhabbar machen, dazu Distanz gewinnen.

Darüber hinaus stellt Spiel die Quelle von Selbstwirksamkeitserfahrungen dar.

Über das Spiel kann das Kind sein Gefühlsleben ordnen, es kann gemachte Erfahrungen integrieren und zukünftige Ereignisse antizipieren.

Gelingt dies nicht, werden die Eindrücke zu übermächtig und das Kind braucht Hilfe.

Spielen ist die genuine Tätigkeit des Kindes. Es hat immer die Funktion – neben anderen wie Welterkundung und -aneignung, Sinnesschulung, soziales Lernen, um nur einige zu nennen –, der Lebensbewältigung zu dienen. Die Symbolsprache des Spiels erhellt alles, was das Kind noch nicht in Worte fassen kann. Solange das Kind noch nicht in der Lage ist, seine Gefühle zu artikulieren oder sie sich auf andere Weise bewusst zu machen, braucht es das Spiel. Nur so kann ein Kind ein gesundes Gefühlsleben entwickeln.

Das Kind wird sich dadurch seiner selbst gewahr und fasst Vertrauen zu den eigenen Fähigkeiten. Daraus können sich im Verlauf seiner Entwicklung Möglichkeiten ergeben, Lösungen zu finden und umzusetzen.

> „In der fühlenden Seele erlebt der Mensch sein Eigensein primär und zentral.
> Hier wird sein tiefster Menschwert bestimmt. Deshalb ist auch die Entwicklung des Gefühlslebens so wesentlich für das spätere Lebensglück und den menschlichen Wert des Individuums." (Livegoed 1986, S. 121)

Lievegoed nennt die schöpferische Fantasie die treibende Kraft, die beim Kind ein eigenes innerliches Gefühlsleben entstehen lässt.

Um sich die Erlebnisse als Erfahrung nutzbar machen zu können, braucht das Kind das Spiel. Mit ihm kann es seine Erlebnisse aus einer gewissen Distanz betrachten und so im Gedächtnis verankern, um zum geeigneten Zeitpunkt auf die gemachten Erfahrungen zurückgreifen zu können. So kann es der Situation in adäquater Weise begegnen. Diese Herangehensweise ist keine reflexive, denkende, urteilende. Es handelt sich eher um ein Nachfühlen als um ein Nachdenken.

> Im Spiel kann das Kind Wege erproben, um zu dem zu werden, was es seinem innersten Impuls nach werden will, unabhängig von allen äußeren Gegebenheiten.

> „Die schöpferische Fantasie wird von innen her der Außenwelt entgegengesetzt und bildet diese gemäß den inneren Bedürfnissen um." (Lievegoed 1986, S. 123)

Auch da, wo oftmals nur Sprachlosigkeit und Lähmung war (bei schweren Traumatisierungen), wirkt eine die Distanzierung ermöglichende kreative Umsetzung im Spiel befreiend.

Im Spiel ist das Kind Akteur. Es kann seine Fantasien von Omnipotenz ausleben, im Rollentausch erlebt es die ihm zugefügten Kränkungen, Verletzungen und Ängste nicht mehr in der Rolle des passiv Erduldenden, sondern als derjenige, der die Schwierigkeiten bewältigen kann. Es gewinnt Distanz zu den Ereignissen, indem es sie so von außen betrachten kann.

Die Bedeutung der Puppe im kindlichen Spiel

Das Spiel mit der Puppe – und hier ist die Babypuppe gemeint – ist besonders geeignet, um die Welt verstehen zu lernen. Sie ist nötig zur Loslösung von der Mutter, wie es Petzold beschreibt:

> „Die Puppe ist unser Vasall, uns selbst zu erschaffen, uns herauszuformen aus der Alleinheit der Symbiose, ohne die wir nicht leben konnten, aber mit der wir auf Dauer nicht leben können. Sie half uns in den schmerzlichen und bedrohlichen Prozessen der Trennung, ohne dass wir die Mutter oder die menschliche Gemeinschaft verlieren muss-

ten. (…) Der Puppe verdanken wir, dass Trennung nicht gleichbedeutend mit Verlust werden muss, denn sie, die Puppe, war da." (Petzold 1983, S. 9)

Die geliebte Puppe des Kindes mag vieles symbolisieren, eines aber ist sie gewiss: mehr als ein Ding. Mir wäre es als Mutter nicht möglich gewesen, die Puppen meiner Kinder wie ein x-beliebiges Spielzeug zu behandeln, sie wie einen Bauklotz in die Spielkiste zu werfen, wohl weil ich spürte, dass dieses Ding aus Stoff beseelt worden war durch das Spiel der Kinder. Einer der einflussreichsten Kinderanalytiker des letzten Jahrhunderts, Hans Zulliger, sagt bei der Beschreibung eines Kindes, das ein Stück Holz zu seiner Puppe gemacht hat:

„Das Scheit ist nicht an Stelle der Puppe, es ist nicht einmal nur die Puppe: es ist das Kind des Kindes und was es mit dem Scheit treibt, ist viel mehr als das, was uns als Erwachsene ein Spiel bedeutet. Das mit dem Scheit spielende Kind hält das, was wir als sein ‚Spielzeug' auffassen, für sein lebendiges Kind, das es pflegt. Nur dann, wenn wir das begriffen haben, können wir uns in das spielende Kind einfühlen und eindenken und verstehen, dass es um sein Scheit Tränen der bittersten Trauer weinen, höchste Freuden und tiefstes Herzeleid empfinden kann." (Zulliger 2007, S. 14)

> Das Spiel mit der Puppe dient dem Kind dazu, die eigne Gefühlswelt zu verstehen, seine Befürchtungen und Ängste, seine Trauer, seine Freude, seine Wut und seine Frustration, die Liebe und Zuwendung, die es erfährt, alles, was unverstanden ist. Es ermöglicht dem Kind, sich in andere einzufühlen, unverstandene Situationen zu verstehen und sich mit zukünftigen vertraut zu machen.

3 Konfliktbewältigung durch freies Spiel

Primär ist die Puppe nichts als ein Ding aus Wolle, Stoff oder Kunststoff. Aber sie kann beseelt werden, geliebt, aber auch zerstückelt, weggeworfen, missachtet. Sie kann der einzige Trost sein und ihr Verschwinden als großer, traumatischer Verlust erlebt werden. Der Transfer vom Ding zum beseelten Begleiter der Kindheit ist nur durch das Kind möglich.

Durch das Spiel mit der Puppe löst sich das Kind aus der Verbundenheit mit der Welt, von der es umgeben wird, heraus, entdeckt das Andere.

> Die Puppe ist ein Spiegelbild des Kindes.

Die Puppe erleidet und durchlebt alles, was das Kind beschäftigt. Mit ihrer Hilfe kann es seine Wirklichkeit bewältigen und eine Ich-Identität entwickeln. Im Spiel rekonstruiert das Kind seine Wirklichkeit oder antizipiert sie. Es ist noch nicht in der Lage – wie der Erwachsene –, seine Erlebnisse zu reflektieren oder sie denkerisch vorwegzunehmen, aber es kann sie sich vorstellen im wahrsten Sinn des Wortes (vor sich hin stellen), indem es sie im Spiel aus einer gewissen Distanz betrachtet. So kann es später wieder auf die gemachte Erfahrung zurückgreifen und ist der Situation dann besser gewachsen. Das Kind kann nicht sagen, warum es spielt und wie es spielt. Daher spreche ich beim Spiel des Kindes von einem Akt des Vorfühlens oder Nachfühlens und nicht von einem Bewusstseinsakt.

Das Spiel bringt so in die auf das Kind einflutenden Erlebnisse Ordnung und Struktur.

Dabei kann das spielende Kleinkind durchaus zwischen Fantasie und Realität unterscheiden, das kommt schon in der Einleitung zum Spiel „Ich wär' jetzt mal die Mama…" zum Ausdruck, allerdings hat für das Kind Fantasie und Realität das gleiche Gewicht.

Das kleine Kind lebt noch ganz in der Nachahmung dessen, was der Erwachsene tut (s. Abb. 3.1). Nachhandelnd versteht es dessen Tätigkeit, nimmt es Anteil an der Versorgung durch Vater oder Mutter. So wird es beispielsweise kochen, seine Puppe füttern und schlafen legen. So eignet es sich spielerisch nicht nur ein Wissen über Kinderpflege an, sondern erwirbt vor allem Qualitäten wie Fürsorge und Verantwortung. Indem es die Seelenqualitäten des Erwachsenen bei seiner Tätigkeit wahrnimmt und imitiert, übt es sich in Empathie.

Abb. 3.1 Mutter und Kind (Archiv Pohl)

Das Puppenkind, mit einem Namen versehen, geliebt und bemuttert, spielt vielleicht die allerwichtigste Rolle im Leben des Kindes. Es trägt ein Stück der Seele des Kindes in sich. Auch wenn es so sehr geliebt wird, dass für den Außenstehenden kaum mehr als ein Lumpenbündel zu erkennen ist, kann es doch für Kinder einen ungeheuren Schmerz bedeuten, wenn das geliebte Puppenkind weggeworfen oder gegen eine „schöne" Puppe ausgetauscht wird.

Welche Puppen braucht das Kind?

Die hier gemeinten Puppen werden sozusagen um ihrer selbst willen geliebt, so wie das Kind es sich auch für sich selbst wünscht. Diese Puppen sind Kinder, sie repräsentieren nichts, was das Kind noch nicht hat oder kann, sondern stehen als Alter Ego des Kindes dafür, was das Kind in seinem Innersten bewegt. Plüschtiere erfüllen in diesem Sinne oft die gleiche Funktion, vor allem bei Jungen. Hier sind sie häufig Bettgenossen, Tröster und ebenso Spiegelbild des Kindes. Dennoch ist es wesentlich, dass den Jungen Puppen zum Spielen angeboten werden, schließlich werden sie später ja auch nicht Väter von Zottelbären.

Je weniger festgelegt die Puppe ist, desto mehr braucht das Kind Fantasiekräfte, um zu ergänzen, was nur angedeutet ist; je weniger Gesichtsausdruck vorgegeben ist, desto mehr Gefühlsqualitäten kann das Kind in seine Puppe hineinlegen. Puppen, die alles können, also auf Knopfdruck weinen, lachen, plappern, in die Hosen machen, verringern die Spielmöglichkeiten. Je perfekter sie sind, desto weniger Raum lassen sie für die Fantasie des Kindes.

Warum spielen Kinder überhaupt mit Puppen?

Das Spiel ist für die Kinder die Quelle von Selbstwirksamkeitserfahrungen. Gerade heute, in einer Welt, die für Kinder immer undurchschaubarer wird, wo vielfältigste Sinneseindrücke auf sie einfluten, müssen sie ihre Welt strukturieren und ihr Sinn geben. Bruno Bettelheim wies schon vor über 20 Jahren in seinem Buch *Ein Leben für Kinder* (1988) darauf hin, dass Kinder ihre entmutigenden Erfahrungen, in einer Welt zu leben, die sie nicht bewältigen können, dadurch überwinden, dass sie sich im Spiel eine verständlichere Welt schaffen, die sie begreifen können.

Zur Ausbildung von Gefühlskultur, durch die das Kind seine eigenen Gefühle und auch die seiner Mitmenschen verstehen und differenzieren kann, nutzt das Kind vor allem das Rollenspiel. Hat es Mitspieler, entsteht daraus ein gemeinsames Spiel, je weniger ein Kind die Möglichkeit dazu hat, desto mehr ist es auf Puppen als Gegenüber angewiesen. Durch jedes Rollenspiel – sei es mit anderen Kindern, sei es mit Puppen – erweitert das Kind seine Möglichkeiten zur Empathiefähigkeit. Alles, was seine Seele beschäftigt, ob schön oder belastend, findet hier seinen Ausdruck. Hat das Kind Angst, wird es seiner Puppe gut zureden, gleichzeitig ist die Puppe der Tröster in schwierigen Situationen.

Wenn Kinder nicht spielen können, ist das immer ein Alarmzeichen.

Die Aufgabe der Erziehenden

Da für viele Kinder das Spiel mit der Puppe nicht mehr selbstverständlich ist, muss der Erziehende dafür sorgen, dass die Kinder ein Verhältnis zur Puppe gewinnen. Denn über die Puppe können sie Erfahrungen machen und Gefühle zum Ausdruck bringen, wie es mit keinem anderen Spielzeug möglich ist. Gibt es eine Puppenecke, in der die Puppen versorgt und schlafen gelegt werden können und regt man das Spiel der Kinder an („Haben denn die Puppen heute Morgen schon gefrühstückt?", „Ich meine, ich hätte in der Puppenecke das Mariechen weinen hören. Willst du mal nachschauen?") und fühlen sich die Kinder in ihrem Spiel ernst genommen, erleben sie andererseits, dass auch die Mutter, der Vater oder die Erzieherin die Puppen nicht einfach zu den Bauklötzen packt, sondern sie ebenfalls liebevoll in die Puppenbettchen legt, werden sie gerne in das Spiel mit den Puppen einsteigen, das für sie von so großer Bedeutung sein kann.

Wichtig ist aber gleichfalls, dass der Erwachsene nicht moralisierend in das Puppenspiel eingreift, sondern mit Interesse Anteil nimmt an dem Spiel, das sich mit den Puppen entwickelt. Gerade schwierige Situationen werden wieder und immer wieder durchgespielt, da mag es nicht immer sanft und harmonisch zugehen, aber umso wichtiger kann es für das Kind sein, gerade dann seinen Gefühlen Ausdruck zu verleihen.

Immer wird das Spiel Hinweise auf die Befindlichkeit des spielenden Kindes geben können, darauf, was das Kind gerade beschäftigt, was ihm Sorge macht, was es gefühlsmäßig zu bewältigen hat. Durch genaues Hinschauen bekommt man ebenso Hinweise auf die emotionale Reife des Kindes, auf seine Sozialkompetenz und darauf, was es gerade bedrückt.

Besonders relevant wird insofern das Puppenspiel als therapeutisches Handwerkszeug.

Literatur

Bettelheim B (1988) Ein Leben für Kinder. DVA, Stuttgart
Fraiberg S (1996) Die magischen Jahre. Hoffmann und Campe, Hamburg
Livegoed B (1986) Entwicklungsphasen des Kindes. Mellinger, Stuttgart
Petzold H (1983) Integrative Therapie. Pfeiffer, München
Pohl G (2014) Kindheit – aufs Spiel gesetzt. Springer Spektrum, Heidelberg
Zulliger H (2007) Heilende Kräfte im kindlichen Spiel. Dietmar Klotz, Magdeburg

4
Therapeutisches Puppenspiel

Im therapeutischen Puppenspiel wird vorwiegend mit Handpuppen gearbeitet, weil es gleichzeitig Identifikation und Distanz zu sich selbst erlaubt. Im Folgenden wird dies genauer erläutert werden.

Methodik

In therapeutischen Zusammenhängen, jedenfalls bei einer tiefenpsychologischen Arbeitsweise, hat das Spiel bei der Arbeit mit Kindern eine ganz zentrale Bedeutung. Je jünger Kinder sind, desto weniger sind sie in der Lage, ihre Gefühle, ihre Schwierigkeiten und Ängste zu verbalisieren. Genauso wie ein gesundes Kind seine Wirklichkeit, seine Erfahrungen im Spiel verarbeitet und Handlungsmöglichkeiten erprobt, verhilft der Therapeut dem Kind, seine Erlebnisse zu symbolisieren, Distanz dazu zu gewinnen und seine Ich-Identität zu stabilisieren. Dabei spielt die Puppe eine entscheidende Rolle. Wenn das Kind das, was es nicht verarbeiten kann, im Spiel auf die Puppe überträgt, so ist das viel weniger ängstigend und zudem dem Kind eher gemäß, als wenn das Kind seine Schwierigkeiten und Nöte dem Therapeuten gegenüber direkt verbalisieren müsste. Die Puppe als Alter Ego bietet die Möglichkeit, sich selbst wahrzunehmen und Distanz von anderen Identitäten zu gewinnen. Sie ist Stellvertreter des Kindes und erlaubt es ihm beispielsweise, das, was es an Zerstörungswillen, an Aggression und an Wut in sich trägt, zu artikulieren und auszuagieren, ohne dass es sich deshalb mit Schuldgefühlen belasten oder die Konsequenzen aus seinem destruktiven Handeln tragen muss.

Der Spielprozess steht hier im Vordergrund. Das Kind bestimmt allein das Spiel, der Therapeut hat sich den Anweisungen des Kindes zu beugen – zunächst. Im Verlauf wird er Möglichkeiten suchen, bereits angedeutete Wendungen „ins Spiel" zu bringen.

Ängste nehmen Gestalt an und verlieren dadurch an Kraft, dass sie nun für das Kind handhabbar werden.

Dazu ein weiteres Beispiel aus der Therapie:

Louis, ein siebenjähriger Junge, blass, durchscheinend und zart, wird von der Mutter in die Therapiestunde gebracht. Er klammert sich ängstlich an sie und kann nicht allein mit der Therapeutin bleiben. Dennoch spielt er – wenn auch in Anwesenheit der Mutter – ein harmloses Spielchen. Zwar kommt ein Räuber darin vor (gespielt von ihm selbst), aber dieser ist kraftlos und harmlos und macht bei seinen Vorhaben schnell Rückzieher, wenn ihm Widerstand geleistet wird. („Na, gut, wenn du nicht willst, klau ich dir eben nix.")

In der nächsten Therapiestunde erlaubt er der Mutter aus dem Raum zu gehen. Entweder weil er mir nun vertraut oder weil er eine Chance wittert, endlich mal zu spielen, was ihn wirklich bewegt?

An diesem Beispiel wird deutlich werden, wie wesentlich die Atmosphäre ist, in dem Spiel stattfinden kann. Wird ein lauteres oder aggressiveres Spiel mit Argwohn beäugt oder dem Spiel gar Einhalt geboten, wird das Kind sich hüten, die wesentlichen Dinge zu thematisieren. Unter Umständen könnten daraus enorme Schuldgefühle resultieren.

Das heißt natürlich nicht, dass man nicht auch gegebenenfalls Anregungen zu Lösungen geben kann, wenn man feststellt, dass sich das Kind in Themen verbeißt, aus denen es keinen Ausweg findet.

Aber nun zum Spiel ohne Zensur. Die Zensur der ersten Stunde bestand in den Vorerfahrungen des Jungen und darin, dass die Mutter schon beim Anblick der Pistole, die sich der Räuber für sein Vorhaben ausgesucht hatte, zusammengezuckt ist.

> Es geht in diesem zweiten Spiel um eine Seeräuberbande. Um den König davon abzuschrecken, das Schiff zu betreten, wird eine Puppe, die den Tod symbolisiert, am Mast aufgehängt. Die Seeräuberbande sticht in See und landet auf einer Insel. Dort gibt es auch einen König und eine Königin. Sie werden beide gefangen und bekommen stinkenden Käse und verbranntes Brot zu essen. Anschließend werden sie mit Messern beworfen, bis sie ins Meer fallen, mit Messern aufgeschlitzt, bis sie bluten, und in der Bratpfanne gebrutzelt. Danach schneiden sich die Räuber Stücke ab und essen sie auf.

Wie kommt dieser zarte, ängstliche kleine Junge dazu, solche gewalttätigen Szenarien zu wählen?

Sein Zuhause ist geprägt von der Atmosphäre einer – in bester Absicht – geschaffenen Pseudoharmonie. Der Vater leidet seit Jahren unter einer schweren Depression. Er hat Angst, das Haus zu verlassen, weil er befürchtet, an Herzversagen zu sterben. (Der König kann das Schiff, das ihn von zu Hause fortführen könnte, wegen des „Todes" am Mast nicht betreten.) Immer wieder erlebt Louis die Herzattacken seines Vaters mit, obwohl man versucht, ihn fernzuhalten, die Krankheit des Vaters ist tabu. (In einem anderen Spiel schwebt der Tod über dem Thron des Königs. Gelegentlich richtet er sich auf und erschreckt die Leute.) Über den Tod darf in der Familie nicht gesprochen werden, selbst der Tod der Großmutter wurde Louis und seinem Bruder lange verschwiegen. Laute Worte, Handgreiflichkeiten sind verboten. Alles soll lieb, schön und frei von Konflikten sein. Dass das Kind aber Wut empfindet gegenüber den Eltern, die authentische Gefühle auch bei sich selbst nicht zulassen und den Jungen in seinen Entwicklungsmöglichkeiten einschränken, ist verständlich. Kein Wunder also, dass Louis im Spiel genötigt ist, zu solch starken Bildern zu greifen. Letztendlich dient es seiner Gesundheit. Er hat nämlich seit einiger Zeit eine Autoimmunerkrankung entwickelt. So finden die Aggressionen, die sich bisher vorwiegend auf Louis selbst richten mussten, endlich eine Möglichkeit – zumindest im Spiel –, nach außen getragen zu werden. Seine Krankheit verschwindet mit der Zeit auch dadurch, dass die Eltern die Problematik erkennen können.

Im therapeutischen Raum wird es möglich, direkt mit dem Unbewussten des Kindes in Verbindung zu treten. Das heißt, Therapeut und Kind aktualisieren keine

Alltagsgeschichten, sondern treffen sich im Spiel auf einer erhöhten, symbolischen Stufe. Auf eine Deutung dem Kind gegenüber wird verzichtet. Der Therapeut spielt (sofern das Kind es verlangt) mit dem Kind nach dessen Anweisung und agiert dabei auf verschiedenen Ebenen: Einerseits ist er engagierter Mitspieler, der an seiner Puppe und durch sie alle Gefühlsqualitäten mitempfindet, die das Kind in sie hineinprojiziert. Gleichzeitig aber nimmt er eine übergeordnete Position ein, in der er zu verstehen sucht, was das Kind ihm unbewusst mitteilt, und er muss kreative Lösungsmöglichkeiten nicht nur vorausdenken, sondern gleich „ins Spiel" zu bringen versuchen. Allerdings hat er dabei dem Tempo des Kindes zu folgen, denn vorschnelle Lösungen können vom Kind nicht akzeptiert werden, wenn sie beispielsweise noch zu große Ängste auslösen. Bei diesem Tun braucht es nicht nur das Wissen, sondern auch die Distanz des professionellen Helfers.

> Im Spiel strukturiert das Kind seine Ich-Grenzen.

Damit erlangt es Identität und Wachstum. Kann es diese Grenzen nicht finden oder wird ihm verwehrt, sie auszubilden, hat das erhebliche Folgen für die seelische Gesundheit des Kindes. Ich möchte auch dieses Phänomen an einem Beispiel verdeutlichen, das in der therapeutischen Praxis in ähnlicher Form sehr häufig auftaucht:

Karl, der neunjährige Sohn einer alleinerziehenden Mutter, leidet unter Angst, er klagt morgens über Bauchschmerzen und weigert sich vehement, in die Schule zu gehen. In der Schule ist Karl zwar nicht sonderlich beliebt, aber es gibt keine so erheblichen Schwierigkeiten, dass damit seine

Angst erklärt werden könnte. Einerseits klammert er sehr an der Mutter, andererseits hat er ihr gegenüber heftige Zornesausbrüche, bei denen er sie auch körperlich attackiert. Die Mutter hat keine Erklärung für dieses Verhalten. Bisher war die Beziehung äußerst harmonisch und ungetrübt.

Karl hat wenig Kontakt zu Gleichaltrigen. Er verbringt die meiste Zeit mit der Mutter, schläft auch nachts in ihrem Bett. Für die zurückgezogen lebende Mutter ist Karl oft der engste Vertraute. Sie ist eine ängstliche Person, nicht nur besorgt um das Wohl ihres Sohnes, sondern sie fühlt sich selbst auch von verschiedenen Krankheiten bedroht.

Im Spiel ist Karl über viele Sitzungen damit beschäftigt, Grenzen aufzubauen. Im Mittelpunkt seines Spiels steht immer ein König, der viele Feinde hat. (Karls Mutter erlebt die ganze Verwandtschaft als feindselig. Dadurch erfährt sie bei der Erziehung ihres Sohnes auch keine Entlastung. Die Anwesenheit von Schulkameraden oder Nachbarskinder ist ihr nicht angenehm.) Der König ist allein und hat dafür Sorge zu tragen, dass die Mauern seines Schlosses hoch genug sind, dass genügend Wachleute das Schloss verteidigen und ausreichend viele Waffen zur Verfügung stehen. Die Verteidigung des Schlosses bestimmt sein ganzes Spiel.

Es wird deutlich, dass Karl aufgrund der symbiotischen Beziehung zur Mutter sein Ich nicht in entsprechender Weise etablieren konnte. Seine Ich-Entwicklung ist auf einer früheren Stufe stehen geblieben, sodass er keine Autonomie gegenüber der Mutter erlangen konnte.

Das Phänomen der Grenzen, innerhalb derer sich Kinder ihren Eigenraum bauen, ist in vielen Kinderspielen zu beobachten. Es ist beim Höhlenbauen ebenso Motiv wie beim Spiel mit der Ritterburg.

Es erstaunt immer wieder, wie genau die Kinder „wissen", was sie brauchen. Gesunde Kinder suchen die für sie gerade wesentlichen Themen bei ihren Spielen ebenso heraus wie kranke Kinder, die bereits in den allerersten Spielen dem Therapeuten ihre Problematik enthüllen. Gleichzeitig zeigen sie auch, wo ihre Ressourcen sind und welche Möglichkeiten sie sehen, um zu Lösungen zu gelangen.

So auch Karl, dessen Unterbewusstsein „weiß", dass er lernen muss, sich von der Mutter abzugrenzen, um sein Ich adäquat entwickeln zu können. In der Realität kann er das nicht, seine Angst vor der Schule ist darin begründet, dass er die Mutter nicht alleinlassen will. Es könnte ihr in der Zwischenzeit etwas geschehen. Oft genug hat sie ihm von ihren Befürchtungen hinsichtlich einer schweren Erkrankung erzählt. Der Vater ist Karl unbekannt. Die Mutter verunmöglicht den Kontakt, und andere Erwachsene sind nicht verfügbar. Karls aggressive Ausbrüche sind verzweifelte Versuche, sich aus der Symbiose mit der Mutter zu befreien. In mühsamen Schritten lernt er in der Therapie seine Autonomie zu entwickeln, sich abzugrenzen, aber auch als König autark zu handeln und gleichzeitig auf seine komplizierten Abwehrmechanismen verzichten zu können. Anhand der gespielten Geschichten wird der Mutter die Problematik einsichtig, und sie findet zu anderen Umgangsweisen mit Karl.

Der König als Repräsentant des Ichs

Repräsentant der Ich-Funktion im Spiel ist meist, wie auch in diesem Beispiel, der König. Oft ist es ein – unterschiedlich definierter – Held, gelegentlich wird das Ich auch durch ein starkes Tier, wie zum Beispiel den Löwen, repräsentiert.

Den Kindern stehen in der Therapie vor allem Handpuppen zur Verfügung. Zwar kann jede Puppe und jedes Stofftier Projektionsfigur für das Kind sein, allerdings unterscheidet sich die Handpuppe durch ihre Handhabbarkeit und macht sie daher besonders geeignet. Dadurch, dass das Kind mit der eigenen Hand der Puppe Körperlichkeit verleiht, Puppe und Hand somit quasi identisch werden, ist primär zwar eine deutliche Identifikation gegeben, gleichzeitig bleibt die Puppe aber Objekt. So gibt es die Möglichkeit, sich von der Puppe auch wieder distanzieren zu können.

> „Da beim Menschen die Hand das vom Bewusstsein her am weitesten bestimmbare Organ ist, über das er sich durch Hantieren seine Objektwelt mit ihren Sachbezügen aufbaut, bleibt zwischen der Puppe als Objekt mit eigenen Aktionen und dem Selbstverständnis des Subjekts Spieler ab einer gewissen Höhe der Bewusstseinsentwicklung immer eine Distanz erhalten, die unter anderem darin gründet, dass der Spieler weiß, dass er mit seinen Händen etwas tut." (Gabriel und Petzold 1983, S. 113)

Dass sich Handpuppen aus dieser Sicht insbesondere für größere Kinder auch zum Spielen zu Hause eignen, erklärt sich hiermit und aus der Tatsache, dass größere Kinder, vor allem Jungen, andere Puppen als „zu kindisch" ablehnen und auch das frühere Rollenspiel bereits abgelegt haben.

Zu Hause wie auch in der Therapie greifen Kinder dabei meist zu folgenden Figuren: dem König (er tritt bei ca. 80 % aller Spiele auf, obwohl wir ja nun schon lange genug in einer Demokratie leben), der Prinzessin, dem Teufel, der Hexe, dem Drachen usw. Seltsam, nicht? Diese Märchengestalten sind doch heute so fern von unserem Alltagsleben. Wie ist das zu erklären? Diese Spiele sind eben auf einer symbolischen Ebene angesiedelt, wir beschreiten damit ein Terrain, das über die unmittelbare Jetzt-Erfahrung hinausweist.

Es handelt sich bei diesen Figuren um Archetypen. Sie sind als Urbilder zu verstehen, die in allen Kulturen und Zeiten zu finden sind (s. dazu Abschn. *Archetypen und ihre Bedeutung*). Die Symbole und Gestalten der Märchen, in denen sie vornehmlich zu finden sind, repräsentieren kollektive Grunderfahrungen, die allen Menschen eigen sind. Selbst wenn sie überhaupt keine Märchen kennen, verwenden die Kinder sie in ähnlicher Zuordnung.

Leider sind diese Figuren heute meist aus den Kinderzimmern entweder verbannt oder die Märchen werden verharmlost. Damit werden die Kinder um wesentliche Ausdrucksmittel betrogen. Böse Gestalten wie die Hexe, der Teufel und ähnliche Ungeheuer machen den Kindern nur insoweit Angst, als sie sie als Teile ihres Selbst erkennen. Und wer beschäftigt sich schon gerne bewusst mit seinen dunklen Seiten? Dennoch sind sie wesentlich, um den unbenennbaren Ängsten ein Gesicht zu verleihen.

Märchen

Trotz aller Bedenken vieler Erwachsener sind Märchen nicht tot zu kriegen. Zurzeit scheinen sie geradezu eine Renaissance zu erleben, nicht nur als literarischer Unterrichtsstoff, sondern auch bei der Abendlektüre zu Hause. Worin ihre Anziehungskraft besteht, konnte man aus den bisherigen Ausführungen schon erahnen.

Märchen sind symbolische Darstellungen von Entwicklungskrisen. Sie behandeln Konfliktsituationen, wie sie in jedem Menschenleben vorkommen. Sie sind überpersönlich, ihre Protagonisten sind keine individuellen Charaktere, meist haben sie keinen Namen, sondern erhalten nur Bezeichnungen wie: der alte König, der Dummling, ein Jüngling. Eindeutig ist die Zuordnung von Gut und Böse. Märchen sind vielschichtig, nie eindeutig, ihr Symbolgehalt erlaubt unterschiedliche Interpretationen und lässt sich auf verschiedenen Ebenen anschauen. Es geht dabei immer um Entwicklung, um Prüfung und Bewährung.

Die Symbolsprache der Märchen erzählt von inneren Erfahrungen, Gefühlen und Gedanken, als ob es sich um Ereignisse in der Außenwelt handelte. Diese Sprache ist universell, in allen Kulturen finden sich ähnliche Symbole wieder.

Das, was in unserem Unbewussten lebt, drückt sich in diesen Bildern aus, die wir alle in uns tragen. Deshalb sind Kinder und auch Erwachsene, wenn sie sich den Zugang nicht verstellen ließen, so angesprochen von den alten Mythen. Sie finden hier ihren eigenen schlummernden Schatz wieder und fühlen ihre eigenen inneren Kämpfe gespiegelt in den Bildern, die die Märchen liefern.

Der Weg im Märchen ist gefährlich. Die Suche nach dem Glück ist verstellt von allerlei Hindernissen, die beiseite geräumt werden müssen. Böse Mächte, starke Riesen und ungeheuerliche Drachen bevölkern diese Welt. Dunkle Wälder müssen durchquert werden und reißende Flüsse. Man muss ins tiefe Innere der Erde hinabsteigen und darf sich vor nichts fürchten. Dann gewinnt man am Ende die Prinzessin oder den Prinzen, findet den Schatz und besiegt das Ungeheuer. Der Kleinste und scheinbar Dümmste, der Verlachte und Verachtete ist es, der am Ende siegreich ist – im Märchen dargestellt als der Sieg über die bösen Mächte, im übertragenen Sinne der Sieg über sich selbst.

> „Diesem Menschenbild, dem es wesentlich ist, man selbst zu werden, vertrauensvoll seinen Weg zu gehen und Verantwortung für sich selbst zu übernehmen, ist das Menschenbild des Märchens verpflichtet." (Kast 1993, S. 10)

Märchen sind Seelennahrung für die Kinder. Sie schaffen Ordnung in einer schwer durchschaubaren Welt. Dass die Guten gut sind und ihren Lohn für ihre Taten bekommen und die Bösen böse und dafür am Ende bestraft werden, schafft Verlässlichkeit.

Wir haben es hier mit einer Bilderwelt zu tun, die den Kindern noch ganz nah ist, zu der aber viele Erwachsene den Zugang bereits verloren haben. In unserer trockenen Begriffswelt haben ähnliche Bilder höchstens noch in Sprichwörtern Platz. Nähmen wir die Märchen wörtlich, hätten wir allen Grund sie wegen ihrer Grausamkeit abzulehnen. Verstehen wir sie in ihrem Grundgehalt, als Urbilder menschlichen Handelns, können wir daraus Lebensmut und Lebenszuversicht schöpfen.

> „Auch Vorwürfe von feministischer Seite prallen an den Märchen ab, weil Kinder sehr wohl verstehen – wenn auch auf einer unbewussten Ebene –, dass Prinzessinnen nicht gemeint sind als verfügbare Objekte herrschaftsgewohnter Väter, sondern Sinnbilder der menschlichen Seele." (Pohl 2014, S. 154)

Das Gleiche gilt für das Bild des Wolfes, der reale Wolf soll nicht durch das Märchen verunglimpft werden, sondern Eigenschaften symbolisieren, die das Kind an sich selbst oder an anderen Menschen erlebt, wie ungezügelte Wildheit, Wut oder Gier.

Bruno Bettelheim, der maßgeblich dafür verantwortlich ist, dass das Märchen nicht nur in den Herzen der Kinder und Erwachsenen, sondern auch in den Köpfen der letztgenannten wieder seinen gebührenden Platz erhielt, spricht hier allgemeiner vom Ungeheuer, das dem Kind bestens bekannt sei.

> „…das Ungeheuer, als das es sich selbst fühlt und das es manchmal auch verfolgt. Wenn die Erwachsenen von diesem Ungeheuer im Kind nicht sprechen, wenn sie es im Unbewussten versteckt halten wollen und dem Kind nicht erlauben, es mit Hilfe der Bilderwelt des Märchens in seiner Phantasie zu bedenken, lernt das Kind das eigene Ungeheuer nicht besser kennen und erhält auch keinen Hinweis, wie es gebändigt werden kann. Die Folge davon ist, dass das Kind seinen schlimmsten Ängsten hilflos gegenüber steht." (Bettelheim 1999, S. 139.)

Das, was häufig als Grausamkeit im Märchen interpretiert wird, erlebt das Kind als hilfreich, um sich mit seinen eigenen tiefen instinkthaften, triebhaften Seiten auseinanderzusetzen und „… sein Ich gegenüber diesen oft überlegenen Kräften zu behaupten." (Kleespies 2003, S. 74)

Kleespies macht das anhand der Drachenmythen noch einmal deutlich:

> „Die Aufgabe des Ich liegt darin, den Kampf mit den gefangen haltenden Komplexen (Anm. d. Autorin: damit sind gemeint unbewusste Vorstellungen, Gefühle, Gedanken, die Einfluss auf unser Handeln haben) zu wagen. Der Preis, den man erringt, ist dann die seelische Energie, die wieder freikommt, und damit verbunden ein Zuwachs an Kompetenz, die sich über ein stärkeres Selbstsicherheitsgefühl und Selbstbewusstsein ausdrückt: der Held, der seine Angst überwunden hat, wird lichter und stärker." (Kleespies 2003, S. 74)

Der Heldenweg, den das Kind zu gehen bereit ist, ist aber nicht nur von zu bekämpfenden Ungeheuern versperrt, nein, das Märchen lässt es auch hilfreichen Geistern begegnen.

Weise Alte, Feen, Zwerge, hilfreiche Tiere, – ihnen begegnen diejenigen, die sich mutig auf den Weg gemacht haben. Für diejenigen, die nicht egoistisch ein Ziel verfolgen, sind sie hilfreich, für die anderen, die die Hilfe verweigern, nicht. Aber solchen, die die Bedürfnisse anderer wahrnehmen und darauf reagieren, indem sie mit ihnen das letzte Stück Brot teilen, ihnen das Haus fegen, sie waschen und ihnen die menschliche Kraft zur Verfügung stellen, wird geholfen. Meist sind es niedere Dienste, die die Helden, die doch in Wahrheit Prinzen und Prinzessinnen sind, eine

Zeitlang verrichten, manchmal ist ein längerer Aufenthalt nötig, um die anstehenden Aufgaben für jemand zu erledigen. Handelt der Held selbstlos, wird ihm dann ebenfalls Hilfe zuteil.

Archetypen und ihre Bedeutung

Wie wir seit C. G. Jung wissen, gibt es so etwas wie eine geistige Erbmasse der Menschheit, die sich in Bildern in jedem Einzelnen von uns als sogenannte Archetypen manifestieren. Man kann sie auch als Urbilder bezeichnen. Es sind Bilder, wie es sie in allen Mythen und Märchen der Erde enthalten sind.

Jeder Archetypus (s. Abb. 4.1) hat viele Aspekte, positive wie negative. Denken wir nur an das Urbild des Mütterlichen im Märchen. Es begegnet uns hier unter anderem als gute Mutter und als Stiefmutter, als Amme, als weise Frau oder als Hexe, genauso aber auch als Quelle oder als Backofen. Das Väterliche erscheint auch als König, aber ebenso als guter oder böser Zauberer. Das, was in unserem Unbewussten lebt, drückt sich in diesen Bildern aus. Kinder und auch Erwachsene werden auf eigenartige Weise von diesen Bildern berührt – wenn sie sich den Zugang nicht verstellen ließen –, weil sie in den Märchenbildern ihre eigenen inneren Kämpfe gespiegelt bekommen.

Auch Kinder, denen die Märchenwelt vorenthalten wurde, tragen diesen Schatz trotzdem in sich. Daher können sie damit ihre Schwierigkeiten darstellen und ihre seelische Verfassung. Sie können in dieser Bilderwelt Hilfe finden und Lösungsmöglichkeiten erproben.

Abb. 4.1 Archetypen (Archiv Pohl)

Moderne Superhelden haben auch übermenschliche Kräfte, besiegen schreckliche Ungeheuer und sind in einer bestimmten Mission unterwegs. Viele Urbilder finden sich hier wieder, weshalb die Kinder auch so von ihnen angesprochen werden. Dennoch werden dadurch die Sehnsüchte der Kinder nach Gerechtigkeit, nach einer überschaubaren Welt, in der Gut und Böse klar getrennt sind, meist nicht befriedigt. Weshalb ist das so?

Der Unterschied zu vielen modernen Heldengeschichten liegt darin, dass die alten Märchen einen klaren dramatischen Spannungsbogen haben. Darüber hinaus zeichnen sie sich dadurch aus, dass die eigentlichen Helden zunächst wenig Heldenhaftes versprechen. Meist ist der zukünftige Held anfangs der, von dem niemand etwas Heldenhaftes erwartet, weil er in der falschen Gestalt auf die Welt gekommen ist (zum Beispiel im Märchen *Das Eselein*), es ist einer, dem keiner etwas zutraut, der daher der Dummling genannt wird, es ist oft der dritte und schwächste Sohn, ein scheinbar unbedeutender Mensch (*Das tapfere Schneiderlein*), oder es ist eine von der Stiefmutter verachtete Tochter, die deren Willkür ausgeliefert und deshalb schwach ist. Nach vielen Prüfungen, bei denen meist hilfreiche Geister Beistand leisten (weise Frauen, Zwerge, Riesen, allerlei mystische Wesen), siegt der am Anfang so minderwertig scheinende Held, er bekommt die Prinzessin (bzw. das furchtlose Mädchen den Prinzen), und die Bösen erhalten ihre gerechte Strafe. Und die ist meist deftig! Der Held hat alle Widrigkeiten gemeistert, alle Hindernisse überwunden und erhält am Ende die ihm zustehende Belohnung.

Die wesentliche Botschaft heißt: Es gibt viele Widrigkeiten im Leben, ich kann und muss mich diesen stellen, viele Hindernisse sind zu überwinden, aber ich finde Helfer, die mir zur Seite stehen, und es wird mir gelingen, mein Ziel zu erreichen.

Bei modernen Heldengeschichten sieht das anders aus: Am Anfang steht in der Regel ein definierter, oft übermächtiger Held als Identifikationsfigur zur Verfügung. Ob die Welt durch ihn wieder in Ordnung kommt, bleibt lange ungewiss, oft entpuppt er sich als der wirklich Böse. Gut und Böse sind hier keine klaren Kategorien, die Verlässlichkeit und Sicherheit geben. Hinzu kommt noch, dass wir lange auf eine Lösung warten müssen, weil Serien oft auf lange Zeit angelegt sind. Wir werden weiter in Spannung gehalten, damit die nächste Sendung noch interessant bleibt. Das ist Kindern nicht gemäß, jedenfalls nicht in den ersten Jahren. Sind sie älter, verlangen sie eher nach individualisierten Helden, sie können Spannung besser ertragen und sind nicht mehr so sehr auf Eindeutigkeiten angewiesen.

Mit dem Älterwerden erfahren Kinder schon bald, dass es im Leben nicht immer so glattgeht wie im Märchen. Durch die Märchen haben sie bis dahin aber eine Grundsicherheit entwickelt, die sie mit der Wirklichkeit besser umgehen lässt. Sie haben die Sicherheit gewonnen, dass Probleme lösbar sind.

Die Geschichten der modernen Superhelden lassen die Katharsis (die Läuterung), die wir auch aus den antiken Dramen kennen, vermissen. Somit bleiben die Unsicherheit und die Ängste der Kinder bestehen. Nichts aber brauchen Kinder – vor allem in den ersten sieben Lebensjahren – mehr als das Gefühl: Die Welt ist so, wie sie ist, gut.

Selbst wenn sie Situationen erleben, die diesem Gefühl zuwiderlaufen müssten, glauben sie an eine Grundordnung, die dem Bösen seinen ihm angestammten Platz zuweist und die das Gute im Kampf mit dem Bösen siegreich hervorgehen lässt. Dieses Gefühl gibt Kindern eine Grundsicherheit, die sie davor schützt, bei später auftretenden Schwierigkeiten das seelische Gleichgewicht zu verlieren. Durch vielfältige Einflüsse ist die Kindheit in dieser Hinsicht bedroht, umso wichtiger wird es, dass wir versuchen, die Kinder davor zu schützen.

Der schöpferische Weg zur Angstbewältigung

Es könnten hier viele Geschichten erzählt werden, belauscht in heimischen Kinderzimmern. Auf Therapiegeschichten wird jedoch deshalb zurückgegriffen, weil sie intensiv gespielt wurden und das Geschehen aus therapeutischen Gründen reflektiert wurde. Ein anwesender Erwachsener hat den Kindern eine Situation ohne Ablenkung, mit entsprechendem Material und in einer verdichteten Atmosphäre geboten. Die Kinder konnten sich zudem sicher sein, dass ein hilfreicher Mensch zur Seite stand, wenn es brenzlig wurde. Aber es ist zu betonen, dass diese Geschichten auch an anderen Orten hätten gespielt werden können.

Die Geschichten, die die Kinder in der Therapie spielten und die hier wiedergegeben werden, wurden inhaltlich nicht verändert. Es wurden manchmal unwesentliche Nebenschauplätze weggelassen, aber es wurde nichts hinzugedichtet. Nicht immer sind die Geschichten der Kinder im Hinblick auf das dargestellte Problem so klar wie die ausgewählten, aber immer geben sie dem Therapeuten Hinweise auf die seelische Situation der Kinder.

Auch muss berücksichtigt werden, dass bei der Darstellung der Elterngespräche fokussiert wurde, die Lebensgeschichten sind natürlich komplexer, und der Zusammenhang mit den kindlichen Problemen liegt nicht immer so auf der Hand und ist auch nicht immer gegeben. Die Informationen, die ausgewählt wurden, beziehen sich ausschließlich auf das Problem des Kindes, das von den Eltern als vorrangig für eine therapeutische Intervention genannt wurde. Nur das sollte damit verdeutlicht werden. Selten berücksichtigt werden konnten die prägenden Lebenserfahrungen, die die Eltern in ihren eigenen Herkunftsfamilien gemacht haben und die nicht unwesentlich ihr Erzieherverhalten bestimmen und somit auch die Geschicke und Geschichten ihrer Kinder. Einige der Geschichten sind gar nicht oder nicht vorrangig von den Lebensumständen innerhalb der Familie geprägt.

Die hier erzählten Geschichten wurden meist zu Beginn einer Therapie gespielt. Es ist wichtig zu betonen, dass den Kindern nichts weiter vorgegeben wurde als das Angebot, aus den etwa 70 vorhandenen Figuren einige herauszusuchen, ebenso wie ein paar Requisiten, und sie aufgefordert wurden, einen Schauplatz zu gestalten.

Auch inhaltlich gibt der Therapeut nichts vor, er richtet sein Mitspiel ganz nach den Angaben des Kindes. Es ist also ganz allein die Geschichte des jeweiligen Kindes, die gespielt wird. Vielfach wird von den Eltern gemutmaßt, dass die Therapeutin den Spielinhalt vorgegeben hat, weil die Überraschung, wie klar und deutlich ein Kind seine problematische Situation in ein Spiel übersetzen kann, groß ist. Würde man die Kinder nach ihren Problemen fragen, würden sie vermutlich unwillig mit der Schulter zucken, „weiß nicht" murmeln oder trotzig schweigen, vor allem dann, wenn sie spüren, dass sie dabei auch über ihre Familie sprechen müssten. Im Spiel allerdings finden sie eine Möglichkeit, sich mit den Schwierigkeiten, die ihnen im Wege stehen, konstruktiv und kreativ auseinanderzusetzen.

Es ist erstaunlich, dass sich im Spiel schon zu Beginn der Therapie das Problem, das die Kinder unbewusst erkennen, fast immer deutlich herauskristallisiert. Dass es dennoch oft ein weiter Weg ist, bis die Kinder eine Lösung für sich gefunden haben und diese in ihren Alltag integrieren können, muss hier angemerkt werden. Bei akuten Kriseninterventionen können dafür einige Stunden ausreichen, bei Traumata, vor allem, wenn sie weit in die frühe Kindheit zurückreichen, kann die Arbeit auch 40 oder 50 Stunden dauern, das heißt einen Zeitraum von zwei oder drei Jahren umfassen. (Über den Umgang mit Traumata wird im Weiteren noch näher eingegangen werden.)

Wenn Eltern ihr Kind wegen eines Problems, das sie nicht allein lösen können, vorstellen und der Therapeut über das Spiel einen Eindruck von dem Kind bekommt, ist oft schon allein hilfreich, dass er anhand der Geschichten, die das Kind spielt, oder der Bilder, die es malt, einen neuen Fokus auf die Situation richten kann. (Sofern es ihm vom Kind erlaubt wird, die Eltern an seinen Geschichten teilhaben zu lassen. Das ist zwar meist, aber nicht immer der Fall. Andernfalls ist die Schweigepflicht ernst zu nehmen und der Therapeut muss auf andere Erkenntnismittel zurückgreifen, um das Verhalten des Kindes zu erklären.) Die Eltern erkennen ihr Kind plötzlich, sehen die Dinge in einem anderen Licht, aus einer anderen Perspektive, und können gegebenenfalls ihr eigenes Verhalten dadurch überdenken.

Wesentliches wird sichtbar

Aber welche Geschichten sind das eigentlich? Weshalb können sie eine solche Wirkung entfalten? Sie sind weder banal, noch ist es Kitsch, noch geben sie einfach gesehene oder gehörte Inhalte aus den Medien wieder. Sie verdichten hingegen Wesentliches, das dem Kind in seinem Leben widerfahren ist, und bringen das in ein Bild. Wesentliches,

Wesenhaftes wird sichtbar gemacht (s. Abschn. *Archetypen und ihre Bedeutung*).

Die alte Diskussion, ob das, was Kinder tun, wenn sie malen, gestalten oder spielen, überhaupt Kunst sein kann, erscheint in einem besonderen Licht, wenn ich in einer Zeichnung, einer modellierten Figur oder eben in einem Spiel genau das erlebe: Wesentliches kommt zur Erscheinung. Da sind für mich wesentliche künstlerische Kriterien erfüllt: In meinen Augen ist das Kunst, Dichtung (im Sinne von ver-dichtet, nicht im Sinne von Technik natürlich). Und wenn ich Joseph Beuys folge, sind die Kinder darüber hinaus Sozialkünstler. Sie bleiben nicht bei vorgegebenen Strukturen stehen, sondern erschaffen, als soziale Plastik, neue, andere, bessere Lebensmöglichkeiten und -formen.

Kinder sind nicht nur ungeheuer nahe am Wesentlichen, sie sind nicht nur hellfühlig, sondern immer auch schöpferisch, wenn man ihnen den Raum dafür schafft.

Wie die Kinder schöpferisch und bildhaft ihre Geschichten entwickeln und damit ihre Probleme lösen, soll anhand unterschiedlicher Beispiele verdeutlicht werden.

Literatur

Bettelheim B (1999) Kinder brauchen Märchen. DTV, München
Gabriel H, Petzold H (1983) Puppen und Puppenspiel in der Psychotherapie mit Kindern. Pfeiffer, München
Kast V (1993) Wege zur Autonomie. DTV, München
Kleespies W (2003) Angst verstehen und verwandeln. Reinhardt, München
Pohl G (2014) Kindheit-aufs Spiel gesetzt. Springer, Heidelberg

5
Angstgeschichten I

„Wo aber Gefahr ist, wächst das Rettende auch."
Novalis

Angst kommt von Mangel

„Das Grundvertrauen in sich selbst und die damit verbundene Hoffnung auf Gelingen gelten als die wichtigsten Gegenspieler zur Angst." (Kast 2007, S. 20)

Noch nie in der Geschichte der Menschheit gab es eine Kultur, in der das Individuum und die Gefahr seiner Verlorenheit so im Vordergrund standen wie bei uns.

Wenn Kleespies (2003) in diesem Zusammenhang darüber spricht, dass „Verlassenheit, Ungeborgenheit und Fremdheit" die „Geißeln unserer Zeit" sind und wir – lieblos – mit unserer Angst allein gelassen werden, so beleuchtet das allerdings nur die eine Seite. Gewiss sind wir heute stärker seelischen Gefahren ausgeliefert, wir haben uns sehr weit von Traditionen entfernt und aus althergebrachten Sicherheiten gelöst. Das aber ist der Preis, den wir der Freiheit zollen, unser Leben selbstbestimmt leben zu können.

Nichts scheint mehr selbstverständlich, alles wird hinterfragt, neue Lebenskonzepte werden gedacht und gelebt, die Rolle der Frau hat sich gravierend verändert, vieles ist auf dem Weg. Familien fallen auseinander, fügen sich neu zusammen, unterschiedliche Lebensmodelle werden ausprobiert, Kinder werden immer früher fremdbetreut. Die Zeit, die mit den Kindern verbracht werden kann, wird mühsam von der Arbeit und der Zeit für die Alltagsverrichtungen abgeknapst. Oft fehlt der ganzen Familie, besonders aber den Kindern, die Muße, sich intensiv Dingen zuzuwenden, zu spielen, zu träumen, zusammen zu sein.

Andererseits nehmen Eltern ihre Elternschaft heute sehr ernst. Sie machen sich viele Gedanken und oft große Sorgen, ob denn für ihr Kind auch das Optimale getan wird. Sie sind nicht selten besorgt und ängstlich, dass dem Kind etwas zustoßen könnte. Diese Angst spüren Kinder und werden dadurch verunsichert.

Eltern haben zunehmend die Wichtigkeit der ersten Lebensjahre, vor allem der ersten Lebensmonate erkannt. Aufopferungsvoll sind sie bereit, ihre Kinder tage- und nächtelang herumzutragen, für sie da zu sein. Die Kinder müssen nicht mehr stundenlang allein in ihren Bettchen liegen und ihre „Lungen stärken", wie es noch vor nicht allzu langer Zeit Usus war.

Die Notwendigkeit der frühen Bindung wird erkannt. Das Bedürfnis des Kindes nach Nähe, Zuwendung und Verfügbarkeit der Mutter oder des Vaters wird bei den meisten Eltern heute nicht mehr hinterfragt, und es wird ihm Rechnung getragen. Dass Kinder dennoch Angst erleben, ist unvermeidbar.

Einschub: Bindungsqualitäten nach Brisch et al. (2013)

Ein Säugling will sich ab seiner Geburt an einen Menschen binden, der für ihn zum sicheren emotionalen Halt wird. Wann immer der Säugling Angst erlebt, etwa durch die Trennung von der Mutter (das gilt natürlich auch für jede andere Bindungsperson), werden seine Bindungsbedürfnisse aktiviert, und er sucht aktiv die Nähe und den Körperkontakt zur Mutter.

Bindungssicherheit ist eine Voraussetzung für kognitive und emotionale Lernprozesse.

Mit einem inneren Gefühl von Bindungssicherheit kann das Kind – geleitet von seinem Explorationsverhalten – die Welt erkunden.

Feinfühliges Interaktionsverhalten der Mutter fördert die Entwicklung einer sicheren Bindung. Das miteinander Sprechen ist ebenfalls für die sichere Bindungsentwicklung wichtig. Mütter sprechen mit ihren Säuglingen, indem sie die Affektzustände des Säuglings benennen.

Neben dem Dialog ist der Blickkontakt von großer Bedeutung. Ebenso wird in bindungsrelevanten Situationen, etwa wenn Angst erlebt wird, früher oder später das Bedürfnis nach Berührung, die Suche nach Körperkontakt aufkommen. Ohne Berührung ist es auf die Dauer schwierig, eine sichere Bindungsbeziehung zu entwickeln.

Kinder mit einer sicheren Bindung sind gegenüber psychischen Belastungen widerstandsfähiger und haben bessere Bewältigungsmöglichkeiten, sie können sich selbst eher Hilfe holen, zeigen mehr gemeinschaftliches Verhalten und sind emphatischer.

Reagiert die Mutter eher mit Zurückweisung auf die Bindungsbedürfnisse ihres Kindes, so besteht eine höhere

Wahrscheinlichkeit für eine unsicher-vermeidende Bindungshaltung (ca. 25 % der Säuglinge). Ein unsicher-vermeidend gebundenes Kind wird in Notsituationen eher die Bindungsperson meiden oder nur wenig von seinen Bindungsbedürfnissen äußern.

Werden die Signale manchmal zuverlässig und feinfühlig, ein anderes Mal aber eher mit Zurückweisung und Ablehnung beantwortet, so entwickelt sich eine unsicherambivalente Bindungsqualität zur Mutter (ca. 10 %). Ein Kind mit einer unsicher-ambivalenten Bindung reagiert auf Trennungen von der Mutter mit einer intensiven Aktivierung seines Bindungssystems durch Weinen oder Anklammern. Über lange Zeit kann es sich kaum beruhigen. Während es sich einerseits an die Mutter klammert, zeigt es gleichzeitig aber auch aggressives Verhalten.

Wenn Kinder im Säuglings- und Kleinkindalter Bindungsstörungen entwickeln, verhalten sie sich auch als Jugendliche in Beziehungen oder bindungsrelevanten Situationen – etwa immer wenn sie Angst haben – ausgesprochen auffällig. Sie zeigen weniger soziales und eher aggressives Verhalten in Konfliktsituationen, sie geraten auch oft in Situationen, in denen Missbrauch und Misshandlung vorkommen.

Neue Bindungserfahrungen, die die Kinder mit neuen Bindungspersonen machen können, zeigen aber – so die Untersuchungen von Brisch und Hellbrügge (2003) –, dass das Verhalten veränderbar ist.

Trennungs- und Verlustängste gehören zu einer normalen Entwicklung dazu. Schon der Säugling reagiert mit Angst (die sogenannte Achtmonatsangst) beim Anblick fremder Menschen, weil er darin nicht das Gesicht der Mutter wiederfindet. Ist die Mutter weg, scheint sie für immer weg. Der Säugling erlebt das Getrenntsein von der Mutter als Verlassen werden, weil er noch keine innere Repräsentanz der Mutter ausbilden konnte, die er in ihrer Abwesenheit hervorrufen könnte, und so überfällt ihn Angst. Ist diese Angst anhaltend, hat das Kind nicht gelernt, diese Angst zu bewältigen, so sieht die Psychologie das als Folge des Verhaltens von unzuverlässigen, gleichgültigen oder verwöhnenden und festhaltenden Bezugspersonen von Beginn an. Das Kind kann dadurch Selbstvertrauen entwickeln, dass es durch die wichtigsten Bezugspersonen eine positive „Objektrepräsentanz" (s. Einschub: Repräsentanzen) ausbilden konnte, im Erleben, dass diese sicher und verfügbar waren. Es gewinnt dadurch Vertrauen und damit auch Selbstvertrauen und somit auch eine sichere „Selbstrepräsentanz".

Welche Folgen es hat, wenn ein Kind dieses Urvertrauen in sich nicht entwickeln kann, weil es nicht die dafür notwendigen Bedingungen vorfindet, wenn es zur Welt kommt, wenn es nicht die nötige Lebensgrundlage erhält, das sollen folgende Geschichten verdeutlichen. Hinter der einen verbirgt sich eine hochdramatische Kindheitserfahrung, die andere ist fast alltäglich.

Frühe Verletzungen

> *„Zeit braucht sie*
> *die Wunde;*
> *Zeit und Zärtlichkeit,*
> *um zu heilen.*
> *Das verdorrte Gras*

> *braucht Zeit.*
> *Und die behutsame Hand des Gärtners.*
> *Auch die Bäume werden*
> *erst im Frühling wieder grün.*
> *Doch dann*
> *– erst zögernd zwar –*
> *schmilzt der Schnee*
> *unaufhaltsam."*
> unbekannter Verfasser

Martin: Der Stern, der sich alle Gräten gebrochen hat

„Bei einem traumatisierten Kind geht es darum, ‚falsche' Verknüpfungen zu lösen und neue, hilfreichere Verschaltungen anzubahnen und zu etablieren. Wir wissen aus der Bindungsforschung, dass das umso besser gelingt, je eher ein Kind sich als autonom handelndes Wesen begreifen kann, dessen Handeln eine sichtbare und spürbare Wirkung hat. Das therapeutische Puppenspiel unterstützt diese Art des Lernens also weitaus mehr, als therapeutische Verfahren, die ausschließlich mit Worten oder inneren Bildern arbeiten." (Gauda 2008, S. 9)

Martin wird vierjährig von seiner Pflegemutter vorgestellt. Er sei äußerst sensibel, krankheitsanfällig, habe Asthma und Neurodermitis, er sei leicht ablenkbar und hyperaktiv. Seine Verhaltensauffälligkeiten zeigen sich vor allem in seiner Umtriebigkeit und seinem aggressiven Verhalten gegenüber anderen Kindern. Er erkenne keine äußere Gefahr, weshalb man ihn stets im Auge behalten müsse.

So gesehen, erfüllt Martin die Kriterien für ein ADHS. Mein Ansatz ist es, die Ursachen des Verhaltens von Kindern zu erkennen und ihnen Möglichkeiten zu geben, Handlungsalternativen zu erproben und Sicherheit zu gewinnen. Ziel ist es nicht, das Problem (das heißt die Symptome ihres Verhaltens) medikamentös oder verhaltenstherapeutisch aus der Welt zu schaffen. (Das wurde den Eltern bereits von kinderpsychiatrischer Seite empfohlen. Die Eltern haben sich für einen anderen Weg entschieden, ihrem Kind helfen zu lassen.)

Aber lassen Sie uns zunächst einmal seine Geschichte anhören.

Martin wurde mit sieben Monaten aus seiner Herkunftsfamilie genommen. Die leibliche Mutter hatte Alkoholprobleme und konnte ihr Kind nicht genügend versorgen. Zwei ihrer anderen Kinder waren aus den gleichen Gründen damals bereits ebenfalls in Pflegefamilien untergebracht. Eine Alkoholembryopathie liegt bei Martin aber laut der kinderärztlichen Auskunft nicht vor.

Er ist zum Zeitpunkt der Inobhutnahme durch die Pflegeeltern stark unterernährt, und sein Körper ist mit Ekzemen überzogen. Auf Fotos sieht der Säugling eher einem alten Mann ähnlich als einem gesunden Säugling. Der Mutter wird das Sorgerecht entzogen. Seitdem lebt er in seiner jetzigen Pflegefamilie, die er als „seine" Familie anerkennt, in der er sich geborgen fühlt und sicher. Die leibliche Mutter sieht er einmal pro Monat für eine Stunde beim betreuten Umgang im Jugendamt. Seit einiger Zeit versucht die Mutter, Martin wieder zurückzubekommen. Obwohl alle Gutachter eine Herausnahme aus der Pflegefamilie nach fast vier Jahren nicht befürworten, bedeutet es doch eine

Einschub: Repräsentanz

Repräsentanz ist der tiefenpsychologische Ausdruck für eine innere Vorstellung. Das Bild, das wir von uns selbst haben, wird Selbstrepräsentanz genannt. Andere Menschen, die wir uns vorstellen können, sind Objektrepräsentanzen. Die ersten Vorstellungen (Repräsentanzen), die wir normalerweise haben, sind die von Vater und Mutter. Sie sind unsere Primärobjekte und prägen sehr stark unsere Vorstellung darüber, wie Menschen generell sind und prägen damit auch unser Selbstbild. Wurden wir von den Eltern überwiegend liebevoll behandelt, so können wir auch auf uns selbst liebevoll blicken. Waren die Eltern eher feindselig, verachtend, überkritisch oder neidisch, so fällt es auch uns selbst schwer, uns so anzunehmen, wie wir sind. Waren sie überbesorgt, hielten sie uns für schwach, kränklich und zerbrechlich, wird es schwer sein ohne Angst das Leben zu meistern.

Objektkonstanz heißt auch, dass die Beziehungsperson wirklich lebendig in der Seele des Kindes repräsentiert ist. Ist ein Mensch nicht in der Lage, innerpsychisch den anderen Menschen oder seine Beziehung zu ihm zu fantasieren, kann man nicht seine guten und bösen Seiten integrieren, man kann sein Anderssein nicht hinzufantasieren. Dann ist er entweder nur gut oder nur böse. Das Wissen, dass der andere in allen seinen Facetten vorgestellt werden kann, führt zur Objektkonstanz. Zu wissen, dass die Mutter zwar gerade als böse erlebt wird, das Kind aber weiß, dass die Mutter in einer anderen Situation gut und fürsorglich ist, gibt ihm Sicherheit, auch die momentan bedrückende Situation auszuhalten.

War in der Kindheit kein Mensch verfügbar, der körperliche und emotionale Sicherheit gewähren konnte, konnten sich innere Repräsentanzen nicht genügend ausbilden.

große Verunsicherung für Martin und dessen Pflegefamilie. Bei Martin wird dieses Ansinnen nicht direkt angesprochen, aber seit dieser Zeit kotet und nässt er wieder ein.

Beim ersten Kontakt findet Martin im Therapiezimmer einen Stern aus Holz. Er nimmt ihn in die Hand und sagt: „Der ist, als er ganz klein war, aus dem Himmel gefallen. Dabei hat er sich alle Gräten gebrochen. Der braucht sehr lange, bis er wieder heile ist!"

Besser kann man seine Vorgeschichte und das, was die Therapie bewirken soll, kaum in ein Bild fassen.

Dieser Stern begleitet uns während des ganzen Therapieprozesses. Jedes Mal sieht Martin nach, wie es dem Stern geht, er wird verarztet, eingecremt und in ein weiches Bett gelegt. Das Ende der Therapie läutet Martin ein, als er eines Tages sagt: „Jetzt geht es dem Stern besser, aber er muss sich noch sehr schonen."

Seine Geschichten sind alters- und entwicklungsbedingt etwas rudimentär, nichtsdestoweniger aussagekräftig.

> Es war einmal ein kleines Kind, das war ganz allein auf der Welt. Es gab auch einen bösen Mann, das war der Schießer. Der hatte es auf das Kind abgesehen und bedrohte es mit seiner Pistole. Zum Glück kamen dem Kind Vögel zu Hilfe, die den Schießer pickten, sodass er von ihm ablassen musste.

Diese Geschichte wiederholt sich in zahlreichen Variationen. Ein zweites Kind, das auch Angst hatte und ganz allein war, gesellte sich irgendwann zu diesem Kind dazu. Bald fanden die beiden ein Haus, das – anfangs leer – im Laufe der Zeit immer besser ausgestattet und gemütlicher wird.

> Das Haus aber ist nicht sicher. Von allen Seiten nähern sich eklige Tiere: Schlangen, Spinnen und Käfer bedrohen die Kinder. Manchmal können sie sogar ins Haus eindringen. Aber auch gute Tiere gibt es, die den Kindern helfen: ein Hund, eine Maus und eine Schnecke. Vor allem der Hund ist stark und kann die ekligen und bösen Tiere vertreiben. Die Kinder müssen viele Lichter anzünden, weil die bösen Tiere Helligkeit nicht mögen. Die guten Tiere bringen den Kindern auch gutes Essen.
> Eines Tages gelingt es den Kindern, die bösen Tiere so weit fortzutreiben, dass sie sogar unbehelligt vor dem Haus picknicken können.
> Und dann kommen Mama und Papa der beiden Kinder. Sie haben ihre Kinder schon lange gesucht. Jetzt vertreibt der Papa die bösen Tiere (Martin hat ein besonders inniges Verhältnis zu seinem Pflegevater), und die Kinder brauchen keine Angst mehr zu haben. Sie kochen zusammen eine köstliche Suppe. Wenn jetzt noch ein ekliges Tier kommt, rutscht es an den glatten Tischbeinen ab und kann so auch die Suppe nicht stehlen.
> Ganz am Ende seines Spiels werden alle Tiere (die bösen und die guten) zu einem Konzert eingeladen. Es gibt schöne Musik, Kerzen und eine Sternenspirale. Alles ist so schön, dass sich auch die ekligen Tiere gut benehmen.

Kurz vor Therapieende macht Martin deutlich, dass er noch einiges vor sich hat. Diese Geschichte spielt er, als sein leiblicher Vater von neuem Anstrengungen unternimmt, Martin aus seiner Pflegefamilie zu holen.

> Ein schreckliches Unwetter ist aufgekommen, die Kinder können die Fenster nicht schließen, weil der Sturm so sehr dagegen drückt. Alle Tiere helfen mit, aber es nützt nichts. Selbst als sie versuchen, einen großen Stuhl davor zu klemmen, werden die Kinder und die Tiere mitsamt dem Stuhl umgeworfen. Ganz am Ende gelingt es ihnen aber doch, und der Sturm zieht ab.

5 Angstgeschichten I

Ist es ein Zufall, dass der Nachname des leiblichen Vaters tatsächlich Sturm ist?

Ein Kind, das kein Haus hat oder eines, das durchlässig ist, unsicher, keinen Schutz bietet, in das Böses eindringen kann, das aber unter allen Umständen zu verteidigen ist: Wie gut passt dieses Bild für einen geschundenen, vernachlässigten Körper, der nicht bekommt, was er braucht. Es ist auch ein Bild für ein Kind, dem die Hülle fehlte im Sinne von elterlicher Zuwendung, Pflege, ausreichend Nahrung und Zärtlichkeit.

Ein Kind, das in der ersten Zeit seines Lebens alles das nicht bekommen hat, muss sich schutzlos fühlen und unsicher. Allzu schnell bekommen solche Kinder, weil ihre Auffälligkeiten in das Schema ADHS passen, hier die falsche Hilfe, oft nur in Form von Medikamenten. Inzwischen ist allerdings bekannt, dass – wie die Deutsche Gesellschaft für Kinder- und Jugendpsychiatrie und -psychotherapie feststellt – bei vorliegendem hyperkinetischem Syndrom die Angst durch Stimulanzienbehandlung verstärkt wird. Das heißt, die Medikation ist in diesem Falle nicht nur nicht hilfreich, sondern verstärkt die Symptomatik noch.

Mit dem Wissen, dass seine Pflegeeltern ihm all das geben können, was er wirklich braucht, und der Erfahrung in der Therapie, dass er aktiv die Situation verändern kann und ihr nicht mehr schutzlos ausgeliefert ist, verbessert sich das Asthma, die Neurodermitis, und er wird zunehmend ruhiger und konzentrierter.

Wenn Eltern ihr Kind nicht gewollt haben

Laura: Krankheit als Metapher

Laura ist fast 14 Jahre alt, als sie vorgestellt wird. Sie leidet unter Panikattacken, hervorgerufen durch das mehr oder weniger permanente Gefühl, sich übergeben zu müssen. Vor allem, wenn sie sich in Gesellschaft befindet, kann sie dieses Übelkeitsgefühl kaum in Schach halten. Häufig hyperventiliert sie dann. Die Aufmerksamkeit, die sie dadurch hervorruft, ist ihr so unangenehm, dass sie vor allem die Gesellschaft Gleichaltriger meidet. Sie wagt nur wenig zu essen, um „hinterher nicht so eine Riesensauerei zu machen". Übergeben hat sie sich allerdings nicht mehr seit sie vier Jahre alt war.

Sie wird von der Mutter als penibel, überehrgeizig und verkrampft geschildert. Sie nähme das Leben sehr schwer, habe wenig Freunde und isoliere sich. Die Nähe der Mutter suche sie permanent, bliebe am liebsten zu Hause und in ihrer Nähe. Sie leide unter verschiedenen Ängsten, vor allem vor Krankheit und Dunkelheit. Sie brauche viel Fürsorge.

Laura steht im Schatten ihrer wesentlich älteren, erfolgreichen Schwester. Trotz ihres Ehrgeizes ist Laura auf dem Gymnasium erfolglos geblieben und daher seit einem Jahr auf der Realschule. Vor allem bei ihren sportlichen Aktivitäten sei sie extrem ehrgeizig, wenig erfolgreich und leide unter jedem Misserfolgserlebnis. Sie habe ständig das Gefühl, sich entschuldigen zu müssen. Das sei schon eine Art Manie bei ihr.

Laura kommt zehn Jahre nach ihrer Schwester auf die Welt. Die Mutter, bei Lauras Geburt bereits 40 Jahre alt, galt als steril. Sie bemerkte die Schwangerschaft erst im fünften Monat. Niemand hatte einen Nachzügler gewollt. Die ältere Schwester war entsetzt, die Eltern hatten jede Menge berufliche und private Sorgen, sie wussten nicht, woher sie die Zeit und die Kraft nehmen sollten, sich noch einmal auf ein kleines Kind einzulassen. Die ersten Monate nach der Geburt sind dann vor allem für die Mutter sehr belastend, obwohl Laura ein unproblematischer Säugling ist. Nachdem das erste Jahr überstanden ist, normalisiert sich das Familienleben.

Laura ist ein schmales, freundliches und höfliches junges Mädchen. Sie erzählt gerne von ihrer netten Familie und wie wichtig ihr das Familienleben sei. Sie habe seit einiger Zeit ein sehr gutes Verhältnis zu ihrer großen Schwester, die inzwischen ausgezogen sei. Harmonie sei ihr das Wichtigste, sie gehe jedem Streit aus dem Weg. Ihr großes Vorbild sei ihre Mutter. Sie sage eher Ja, wenn sie Nein meine, weil sie andere nicht verletzen wolle, habe oft ein schlechtes Gewissen und entschuldige sich lieber, als einen Streit zu riskieren.

Bei einem projektiven Test (Familienbild) malt sie alle, auch die Haustiere, für sich selbst findet sie keinen Platz mehr auf dem Bild.

Da ich die Familie gerne in die Therapie mit einbeziehen will, frage ich Laura um die Erlaubnis, über Dinge, die wir zusammen getan oder gesprochen haben, zu berichten. Wichtig ist ihr dabei vor allem, dass niemand den Eindruck gewinnen solle, sie schätze die Familie nicht wert.

Bei einem Selbstbild malt sie sich einen dicken Kloß in den Hals.

Ohne mehr von ihr zu wissen, wird aus diesen Mitteilungen schon deutlich, was Laura zu schaffen macht. Daher muss uns ihr Spiel nicht überraschen:

> Es war einmal eine alte, grässliche Hexe. Die liebte es, Menschenfleisch zu essen. Am meisten schätzte sie das frische Fleisch junger Prinzessinnen. Eines Tages hatte sie wieder einmal großen Appetit auf eine und so tat sie ganz freundlich und lockte eine Prinzessin mit Gummibärchen in ihr Hexenhaus. Die Prinzessin ahnte nicht, wo sie da gelandet war, und so gelang es der alten Hexe, die Prinzessin in den Kochtopf zu schubsen. Zum Glück kam ihr der Koch der Hexe gerade noch rechtzeitig zu Hilfe und zog sie heraus. Und weil er ein bisschen in die schöne Prinzessin verliebt war, half er ihr auch, die Hexe in den Kochtopf zu werfen. Dafür bekam er eine Anstellung beim König.

Eine andere Geschichte hat eine ähnliche Thematik:

> In der Hölle lebte der Teufel mit seiner Frau. Sie hatten einen Sohn, der hatte leider die Teufelsprüfung nicht bestanden, weil er zu lieb war. Dieser Sohn sollte nun verheiratet werden. Die Eltern bestimmten eine besonders grässliche Frau für ihn. Diese schikanierte ihn ständig, er musste sich ihr zu Füßen werfen und ihre alten schmutzigen Füße küssen. Aber nicht genug damit, er musste ihr auch Leichen besorgen, weil sie Menschenfleisch besonders gerne aß.
> Mit einem Zauberauge erspähte der Jüngling eines Tages auf der Erde ein schönes Mädchen, in das er sich verliebte. Er suchte sie auf, und auch sie verliebte sich in ihn. Seine Braut aber bestand auf ihrem Essen und hatte sich ausgerechnet das schöne Mädchen dazu ausgesucht. In letzter Minute konnten die beiden aber fliehen und ließen gekochte Erdbeeren zurück, die die Braut für Leichenteile des Mädchens hielt.

Aus Märchen kennen wir das Motiv der Hexe oder der bösen Stiefmutter als die dunkle Seite des Mütterlichen. Dieses Motiv tritt dann in der Therapie in Erscheinung, wenn ein deutlicher Schritt in Richtung Individuation ansteht und die Trennungsangst bei starker Verbundenheit mit der Mutter auf diese als Trennungsaggression projiziert werden muss, die Mutter also als böse erlebbar wird. Denn wenn sie böse ist, kann man sich auch trennen. Da Laura im frühen Alter Sicherheit (gute Mutter) zu wenig erlebt hat, braucht sie jetzt ein starkes Bild, das ihre Loslösung ermöglicht.

Lauras untypische Harmoniesucht in einem Alter, in dem Kinder in der Regel rebellisch die ganze Familie aufmischen, war also nichts anderes als eine mühsam aufrechterhaltene Fassade. Kein Wunder, dass ihr jedes Widerwort, jede Kritik – vor allem an der Mutter – im Hals stecken blieb! Obwohl sie doch inzwischen ein geliebtes Familienmitglied ist, scheint sie eine Daseinsberechtigung innerhalb der Familie nur dann zu empfinden, wenn sie freundlich, rücksichtsvoll, angepasst und erfolgreich ist. (Das sind im Übrigen tatsächlich die vorrangigen Werte innerhalb dieser Familie.)

Die Angst davor, dass ihr Umfeld sie ablehnen könnte, wenn sie nicht mehr das brave, nette Mädchen ist, hindert sie daran, sich auf die Suche nach sich selbst zu machen. Die Grundunsicherheit, dass Laura als Mensch überhaupt liebenswert sein könnte, resultiert aus ihren frühesten Erfahrungen. Vor allem die damalige Ablehnung durch die Mutter lässt sie immer noch an sich selbst zweifeln.

Andererseits zeigt ihr Spiel deutlich, dass sie im Grunde weiß, dass ein Ablösungsprozess von der Mutter schon längst anstünde. Das gelingt ihr aber erst, wenn sie aufhören wird, die Mutter zu idealisieren, wenn sie beginnt, deren Normen infrage zu stellen und gegen sie zu rebellieren. Solange sie das nicht kann, wird ihr der Kloß im Hals stecken bleiben.

Ihre große Schwester war leider auch keine Vorreiterin in Sachen Emanzipationsversuche.

Sie (inzwischen 25 Jahre alt) hat auch nur unzulänglich zu einer eigenen Identität gefunden: Sie musste ein Studium in einer anderen Stadt abbrechen, weil ihr Heimweh nach der Familie zu groß war. Inzwischen lebt sie mit einem Mann zusammen. Wenn er aber mal nicht da ist, muss ihre kleine Schwester bei ihr schlafen, weil sie sich sonst fürchtet. Ihre Mutter ist immer noch ihre engste Vertraute und Freundin.

Den Eltern, deren Idealvorstellung von Familie – und wer könnte das nicht verstehen – eine harmonische Einheit erfolgreicher Menschen ist, hilft Lauras Verhalten möglicherweise, ihr eigenes Verhalten zu überdenken und zukünftige Befreiungsversuche ihrer Kinder nicht als Bedrohung, sondern als notwendige Entwicklungsschritte ansehen zu können. Die Voraussetzung dazu wäre, dass alle Familienmitglieder lernen, zu ihren eigenen Gefühlen zu stehen und diese auch zu artikulieren. Es hilft den Kindern am meisten, ihre eigene Identität zu erlangen, wenn sie in den Eltern Vorbilder haben, die versuchen authentisch zu sein, die über ihre eigenen Nöte und Unzulänglichkeiten reflektieren, die sich selbst infrage stellen können und die bemüht sind, sich selbst weiterzuentwickeln.

Literatur

Brisch et al (2013) Die vier Bindungsqualitäten und die Bindungsstörungen. Familie Partnerschaft Recht (FPR) 5:177–223. Beck, München

Brisch KH, Hellbrügge T (2003) Bindung und Trauma. Klett-Cotta, Stuttgart

Gauda G (2008) Traumatherapie und Puppenspiel. Süddeutsche Verlag, Frankfurt a. M.

Kast V (2007) Wege zur Autonomie. Deutscher Taschenbuch Verlag, München

Kleespies W (2003) Angst verstehen und verwandeln. Reinhardt, München

6
Angstgeschichten II

„Ich bin, der ich werden will."

Geschichten zur Selbstwerdung

Wir nähern uns an dieser Stelle dem Kernpunkt menschlicher Entwicklung, um den tieferen Grund von Angst und Angstentstehung zu verstehen, und zwar mit der Frage: Wie wird der Mensch zum Ich?

> „Die Individuation ist allgemein der Vorgang von der Bildung und Besonderung von Einzelwesen, speziell die Entwicklung des psychologischen Individuums als eines vom Allgemeinen, von der Kollektivpsyche unterschiedenen Wesens. Die Individuation ist daher ein Differenzierungsprozess, der die Entwicklung der individuellen Persönlichkeit zum Ziel hat." (Jung 1971, S. 825)

Anders als C. G. Jung, der den Individuationsprozess eher in den mittleren Erwachsenenjahren betrachtet, wird heute, unter dem Einfluss der Entwicklungspsychologie, die Heranreifung des Ichs als ein fortwährender Prozess ab der frühen Kindheit verstanden.

> Der ganze Lebensweg ist darauf ausgerichtet, sich zu einem autonomen Ich zu entwickeln. Das eigene Lebensmotiv will erkannt, die eigenen Fähigkeiten ausgebildet, die eigenen Neigungen gelebt werden. Der Mensch will sein Eigenwesen entfalten.

Wir fallen mit dem Annehmen und Entwickeln unserer Persönlichkeit wie Riemann es ausdrückt: „aus der Geborgenheit des Dazugehörens, des ‚Auch-wie-die anderen-Seins' heraus, und erleben die Einsamkeit des Individuums." (Riemann 2004, S. 13)

„Riskieren wir aber andererseits nicht, uns zu eigenständigen Individuen zu entwickeln, so bleiben wir zu sehr im Kollektiven, im Typischen stecken und bleiben unserer menschlichen Würde etwas Entscheidendes schuldig." (Riemann 2004, S. 13)

Wenn Individuation verhindert wird und eigenes Leben nicht gelebt werden kann, weil es sich aus äußeren und inneren Hemmnissen nicht entsprechend entfalten kann, entsteht Angst.

Je mehr wir uns aber zu Individuen entwickeln, je mehr wir unser Eigensein finden, desto schwerer wird auch das Leben in der Gemeinschaft. Wir werden vereinzelter, ja einsamer in der Unterscheidung vom anderen, und die Unsicherheit und die Gefahr wachsen, nicht verstanden, nicht angenommen, abgelehnt zu werden.

Hat ein Mensch Angst aus dem „dazugehörig Sein" ausgestoßen zu werden, wird er Situationen vermeiden, in denen das passieren könnte, und er entwickelt möglicherweise eine soziale Phobie. Die Einschränkungen, die daraus entstehen können, sind gravierend, isolieren ihn von der menschlichen Gemeinschaft, verhindern wesentliche Erfahrungen mit sich und den anderen und machen den Menschen einsam.

Wir müssen daher die fördernden und hemmenden Faktoren der Individuation von Anfang an betrachten.

Die autonomen Bewegungen des Ichs beginnen schon früh, wie wir bereits gehört haben. Und sie sind von Anfang an durch äußere Einflüsse gefährdet.

> Wenn das Kind seine autonomen Impulse nicht ausleben kann, weil die Eltern zu ängstlich oder zu dirigistisch sind, kann sich seine eigene Kompetenz nicht entwickeln, ebenso wenig wie Selbstsicherheit und Selbstwertgefühl.

Der wesentliche Faktor, der sich auf die Individualentwicklung hemmend oder fördernd auswirkt, wird als „Mentalisierungsfähigkeit" bezeichnet.

„Der Kern des Selbst ist von der Kohärenz und Klarheit abhängig, mit der das Kind sich selbst als absichtsvolles Wesen, das Meinungen, Gefühle, Wünsche hat, wahrnehmen kann im Geist der Bindungsperson, das heißt in ihrem Gesichtsausdruck, ihrer Stimme, ihrem Verhalten. Wenn diese Mentalisierungsfähigkeit nicht etabliert werden konnte, kann der Betroffene sich nicht ‚von innen' heraus wahrnehmen und verstehen. So kann beispielsweise ein Kind, das an Angstgefühlen leidet, bei einer inkongruenten Spiegelung der Mutter eine gestörte, mit seiner Selbstwahrnehmung nicht übereinstimmende Repräsentanz eigener Gefühle entwickeln." (Eckhardt-Henn 2007)

Das heißt, wenn die Mutter nicht in der Lage ist, das Verhalten ihres Kindes sensitiv und empathisch zu spiegeln und gleichzeitig Zuversicht zu vermitteln, entsteht beim Kind eine gestörte Wahrnehmung seine eigenen Gefühle betreffend ebenso wie die der anderen. Das Ich kann sich dann nicht in der richtigen Weise etablieren.

Das wirft einen wesentlichen Blick auf die Bedeutung der Beziehungsqualität des Erwachsenen zum Kind schon in der frühesten Kindheit. Wir werden dies noch genauer untersuchen.

Grundlegende Betrachtungen zur Entwicklung von Ich-Identität verdanken wir Erik H. Erikson.

Einschub: Ich-Identität nach Erikson 1966

Der Psychoanalytiker Erik H. Erikson beschreibt in seinem Stufenmodell die psychosoziale Entwicklung des Menschen. Diese entfalte sich im Spannungsfeld zwischen den Bedürfnissen des Kindes als Individuum und den sich im Laufe der Entwicklung ständig verändernden Anforderungen der sozialen Umwelt.

Die drei ersten grundlegenden Stufen seien hier erwähnt:

Erikson spricht der Interaktion des Kindes mit seiner Umwelt eine wesentliche Rolle bei der psychischen Entwicklung zu. Jede der (insgesamt acht) Stufen, die das Leben kennzeichnen, stellt eine Krise dar, mit der der

Mensch sich aktiv auseinandersetzt. Die erfolgreiche Bewältigung einer Entwicklungsstufe ist für die Bewältigung der nächsten Phase zwar nicht unbedingt erforderlich, aber hilfreich. (C. G. Jung sieht das etwas anders: Bei seinem Entwicklungsstufenmodell verschieben sich unbewältigte Krisen auf eine höhere Stufe und sind somit dann schwieriger zu überwinden.) Die vorangegangenen Phasen bilden daher das Fundament für die kommenden Phasen, und angesammelte Erfahrungen werden verwendet, um die Krisen der höheren Lebensalter zu verarbeiten. Für die Entwicklung ist es notwendig, dass der Konflikt auf der jeweiligen Stufe ausreichend bearbeitet wird, damit man die nächste Stufe erfolgreich bewältigen kann.

Als Erstes nennt Erikson das Urvertrauen als ein „Gefühl des Sich-Verlassen-Dürfens". Hierzu ist das Kind auf die Verlässlichkeit der Bezugspersonen angewiesen. Die Bindung zu der Mutter als erste und wichtigste Repräsentantin der Welt ist hier entscheidend. Werden dem Kind Forderungen nach körperlicher Nähe, Sicherheit, Geborgenheit, Nahrung etc. verweigert, entwickelt es Bedrohungsgefühle und Ängste, da eine weitgehende Erfüllung dieser Bedürfnisse lebenswichtig ist. Außerdem verinnerlicht es das Gefühl, seine Umwelt nicht beeinflussen zu können und ihr hilflos ausgeliefert zu sein. Hier entsteht die Gefahr der Etablierung eines Urmisstrauens. Es können infantile Ängste des „Leergelassenseins" und „Verlassenwerdens" entstehen.

Bei der nächsten Stufe (um das dritte Lebensjahr) geht es um die Entwicklung von Autonomie und eines positiven Selbstkonzepts, einer Identität. Die Grundbedingung hierfür ist die positive Erfahrung des Urvertrauens.

Das Kind muss das Gefühl haben, explorieren oder seinen Willen durchsetzen zu dürfen, ohne dass dadurch die erworbene Sicherheit des Vertrauenkönnens und Geborgenseins in Gefahr gerät. Die Einschränkung der explorativen Verhaltensweisen des Kindes führt dazu, dass es seine Bedürfnisse und Wünsche als nicht akzeptabel wahrnimmt. Was sich beim Kind etabliert, sind schließlich Scham und der Zweifel an der Richtigkeit der eigenen Wünsche und Bedürfnisse.

Findet das Kind mit vier oder fünf Jahren zu einer bleibenden Lösung seiner Autonomieprobleme, steht es Erikson zufolge bereits vor der nächsten Krise. Die symbiotische Beziehung zwischen Mutter und Kind öffnet sich, und das Kind erkennt die Bedeutung anderer Personen im Leben der Mutter. Weiter geht es in erster Linie um eine gesunde Meisterung der kindlichen Moralentwicklung. Die Grundlage für die Entwicklung des Gewissens ist gelegt, das Kind fühlt sich unabhängig vom Entdecktwerden seiner „Missetaten" beschämt und unwohl. Im Gegenzug dazu beschreibt Erikson das Kind, das diese Krise bewältigen kann, als begleitet vom Gefühl „…ungebrochener Initiative als Grundlage eines hochgespannten und doch realistischen Strebens nach Leistung und Unabhängigkeit." (Erikson 1966, S. 87)

Fixierungen können durch Angst und Schuldgefühle entstehen, die dann zu einer Selbsteinschränkung führen, gemäß den eigenen Fähigkeiten, Gefühlen, Wünschen zu leben. Es kann auch zu einer Überkompensation kommen, ständig initiativ sein zu müssen, als bestünde der Wert nur in der eigenen Leistung. Schuldkomplexe, Übergewissenhaftigkeit und hysterische Symptome können hier ebenso entstehen.

> Des Weiteren geht es in den nächsten Stufen um die Erlangung von Kompetenzen und die damit verbundene Gefahr des Erlebens von Unzulänglichkeit und Scheitern, um die Etablierung der sozialen Rolle im Jugendalter. „Ich weiß, wer ich bin und wie ich in diese Gesellschaft passe". Überangepasstheit oder Rückzug sind hier die drohenden Gefahren.

Wer bin ich?

Victor: Angst hat viele Gesichter, aber niemand hat nur Angst

Victor ist elf Jahre alt, als er zum ersten Mal zur Therapie kommt. Bis er seine Ängste überwunden haben wird, wird es fast zwei Jahre gedauert haben.

Sehen wir uns die Ausgangssituation an:

Als er mir zum ersten Mal begegnet, kann er nicht allein die Treppe hochkommen. Er versteckt sich hinter seiner Mutter, kann mich nicht ansehen und spricht nicht mit mir. Das geht viele Sitzungen so, auch die Hand gibt er mir lange Zeit nicht. Wenn er schließlich im Therapiezimmer angekommen ist und sich von seiner Mutter lösen konnte, zeigt er bizarre Bewegungsmuster, antwortet mir nicht und folgt auch keiner Aufforderung. Von den Figuren, die er vorfindet, scheint er allerdings fasziniert zu sein. Er beginnt bald zu spielen, dabei ignoriert er mich und spricht so leise, dass er mir jede Teilhabe an seinem Tun verunmöglicht. Er ist ein zartes, feingliedriges, hellhaariges und hellhäutiges Kind, er wirkt schwach, erweist sich in der Folge als sprachgewandt, reflektiert und intelligent. Es dauert lange, bis er wahrzunehmen scheint, dass er nicht allein im Raum ist, bis er sich auf ein Gespräch oder ein gemeinsames Spiel einlässt. Wenn man eine Frage an ihn richtet, antwortet er so lange nicht, dass man schon geneigt ist aufzugeben, dann allerdings antwortet er leise und präzise. Später wird er erklären, dass „in meinem Kopf die Wörter auseinanderfallen und in die Tiefe und ich muss sie finden und wieder zusammensetzen; manche finde ich nicht mehr." Deshalb dauere es so lange, bevor er antworten könne.

Vorgestellt wurde er wegen seiner multiplen Ängste. Seit einiger Zeit verweigert er die Schule, weil seine Klasse – er ist gerade zu Schuljahresbeginn in die sechste Klasse eines Gymnasiums gekommen – in den zweiten Stock umgezogen ist. Er traut sich nicht, den anderen Schülern in den zweiten Stock zu folgen, weil er Angst davor hat, dass ein Feuer ausbrechen könnte, dem er nicht entkommen könnte, und andererseits ist er sich sicher, dass in verschiedenen Zimmern seiner Schule Monster hausen. Er kann nicht Zug fahren (er könnte entgleisen), keine Aufzüge benutzen (sie könnten steckenbleiben), selbst Autofahren ist ein Problem. Geht er auf der Straße, befürchtet er, dass die Häuser auf ihn herabstürzen. Zu Hause bleibt er nicht allein im Zimmer, sondern folgt seiner Mutter überallhin. In den Keller und in das Dachgeschoss geht er selbst in Begleitung nicht. Am schlimmsten sind seine Ängste bei der Großmutter, bei der er sich häufig aufhält, da seine Mutter berufstätig ist.

Er ist Vegetarier aus Angst, die Tiere könnten sich an ihm rächen, wenn er Fleisch isst. Am liebsten nimmt er süße, breiige Speisen zu sich.

Victor läuft viel im Haus und im Garten herum und erzählt sich halblaut Geschichten. Am liebsten liest er Fantasyromane. Sobald Geschichten realitätsnah sind und spannend, machen sie ihm Angst. Seine Mutter bezeichnet ihn als Stubenhocker.

Obwohl seine Klassenkameraden sehr tolerant sind gegenüber seinen oft bizarren Verhaltensweisen, schließt er sich niemandem an.

Als das Schulproblem trotz seiner guten Leistungen in den Vordergrund trat, suchten die Eltern Hilfe. Der Kinderpsychiater, den die Familie wegen Victor aufgesucht hatte, diagnostizierte ADS und empfahl, das Kind mit Ritalin zu behandeln. Die Eltern hatten Vorbehalte gegen das Medikament, und so kam Victor zu mir in Therapie.

Ich teile die Ansicht, dass ein anderer Weg für Victor erfolgreicher sein müsste, weil die Angst bei diesem Kind im Vordergrund steht und es am normalen Vollzug seines Lebens hindert. Die Behandlung mit Stimulanzien aber verstärkt – wie bereits erwähnt – nachgewiesenermaßen noch die Angst (s. Dt. Gesellschaft für Kinder- und Jugendpsychiatrie und Psychotherapie 2007)

Nun zur Vorgeschichte von Victor, soweit sie für das Verständnis seines Verhaltens relevant ist:

Die väterliche Seite ist wenig präsent, der Vater versteht Victor nicht und verhält sich tendenziell eher ablehnend ihm gegenüber. Andere männliche Verwandte scheinen nicht verfügbar. Dafür spielt die Mutter, vor allem aber die Großmutter von Victor in seinem Leben eine sehr wichtige Rolle. Mutter und Großmutter sehen sich täglich und haben eine sehr enge emotionale Bindung.

Die entscheidende Geschichte wird aber erst lange nach dem Anamnesegespräch erzählt:

Die Großmutter hatte eine zweite Tochter, die im Alter von elf Jahren in dem Haus, das die Großmutter immer noch bewohnt, starb. Sie ist in der Gefühlswelt der beiden Frauen noch sehr präsent, und auch das Haus ist mit „Reliquien" dieser Kindheit und großen Fotografien des Mädchens ausgestattet. Es scheint, dass hier – nach 20 Jahren – immer noch ein „Gespenst" umgeht. Außerdem ist es auffallend, dass Victors Ängste gerade in dem Alter, als seine Tante starb, akut geworden sind. Victor ist ein ausgesprochen feinfühliges Kind und spürt sowohl den von den beiden Frauen noch unbearbeiteten Tod der Tochter und Schwester als auch deren Ängste in Bezug auf Victor, ihm könne ein ähnliches Schicksal beschieden sein. Die unausgesprochenen Ängste hat Victor internalisiert, er kann sich somit auch nicht von der Mutter lösen, gleichzeitig spürt er die Enge, die daraus entsteht, aus der er sich befreien will.

Mit der Realität möchte er, ebenso wie Mutter und Großmutter, möglichst wenig zu tun haben. Er flüchtet sich in fantastische Welten (diese Neigung teilt er mit seiner Mutter), verbindet sich noch nicht einmal über die Nahrungsmitteln, die er zu sich nimmt (süßen Brei, wie man ihn Säuglingen gibt), mit der Welt und scheint das Leben an sich als feindlich zu erleben.

Neben vielen Bildern mit chaotischen, bizarren Inhalten malt er ein erstes klares Bild mit eindeutiger Botschaft (s. Abb. 6.1).

Er erklärt dazu: „Da sitzt einer im Gefängnis, das sehr, sehr gut gesichert ist. Er plant aber mithilfe eines anderen einen Ausbruch. Er sitzt im Gefängnis, weil er sehr kostbare Farben verdorben hat." (rechts oben im Bild).

Abb 6.1 Victors Gefängnis. Originalzeichnung des Kindes (Archiv Pohl)

Das Bild des Gefängnisses, das er sich durch seine Ängste geschaffen hat und dem er entkommen möchte, ist eindeutig, was aber symbolisieren wohl die verdorbenen Farben? Seine ungenutzten, weil durch die Ängste nicht zur Verfügung stehenden Fähigkeiten? Das lässt sich wohl nicht eindeutig beantworten, aber die Hoffnung ist da, dass seine Welt in der Zukunft um Farben und Facetten bereichert werden wird. Alles spricht dafür, dass es sich bei Victor um ein sogenanntes hochsensitives Kind handelt, dem zu wünschen ist, dass es, wenn es seine Ängste bewältigt haben wird, Zugriff bekommt auf die farbige Welt, die ihm durch seine Feinfühligkeit und Fantasie gegeben ist.

Das Bild, das er von seiner Familie malt, das sogenannte Sonnenbild, sieht folgendermaßen aus:

Eine große rote Sonne mit „Feuerstrahlen" in der Mitte des Bildes, alles andere dominierend, symbolisiert die Großmutter, ein Bild für Dominanz, Wärme, aber auch Bedrohung. Die anderen Familienmitglieder werden durch Sterne symbolisiert, alle ähnlich, gleich groß, sie sind austauschbar, nur sein eigener ist – seiner Aussage nach – der der Feuersonne am nächsten gelegene. Es wird deutlich, welche herausragende Rolle die Großmutter und die mit ihr verknüpfte Geschichte in seinem Leben spielt. Sie hat eine eindeutige Schlüsselfunktion inne und wird in den Therapieprozess mit einbezogen werden müssen. Sein Verhältnis zu ihr ist sehr ambivalent, einerseits liebt er sie sehr, sie gibt ihm vor allem durch ihre Religiosität innere Sicherheit. Andererseits plagen ihn bei ihr massive Albträume, und er hat in ihrem Haus am meisten Angst.

Die Allmacht der Großmutter wird auch in seinen Spielen deutlich und begleitet diese von Anfang an. Ein Junge, eine Katze, viele Dämonen, Gespenster und Monster und magische Dinge ergänzen das Szenarium.

Die Katze ist immer hilfreicher Begleiter des Jungen, der manchmal mit der Großmutter zusammen, manchmal auch allein (weil die Großmutter schläft) mit Monstern und anderen gefährlichen Wesen Kämpfe austragen muss. Die Geschichten sind zunächst sehr verworren, kompliziert und spielen in Sphären, in denen das Böse immer nur durch Magie zu besiegen ist. (Ein Zeichen dafür, dass er noch keine reale Möglichkeit sieht, mit seinen Problemen fertigzuwerden.) Vorsichtige Alternativen, die ich ihm im Spiel anbiete, kann er vorerst nicht annehmen. Wichtiger scheint zu sein, dass er erstmals eine Möglichkeit gefunden hat, seine Ängste überhaupt auf die Bühne zu bringen. So geistern sie nicht nur ausschließlich in seinem Kopf herum.

Nach den jeweiligen Spielen wirkt er sehr erschöpft, gleichzeitig aber gelöster.

Noch lange werden die Abenteuer des Protagonisten zusammen mit der Großmutter und der Katze die Therapiestunden bestimmen. Es sind fantastische, zum Teil abstruse Geschichten, bis Viktor allmählich zu konkreteren Themen findet.

Erst gegen Ende der Therapie bekommen die Geschichten Realitätscharakter, und seine Fantasie entwickelt „erdgebundenere" Lösungen. Eine wichtige Rolle spielt dabei immer die Katze, die er schließlich in einem langen und mühsamen Prozess (er ist manuell eher ungeschickt) modelliert. Sie gelingt ihm dann aber sehr schön, und er ist hochzufrieden damit. Sie begleitet ihn nach Hause, aber nie vergisst er, sie in seine Therapiestunde mitzubringen.

Welche Rolle sie spielt, wird auch in einem anderen Prozess deutlich:

Wir sprechen oft über seine Stärken, die ihm im Kampf gegen die Gespenster hilfreich sein können. In diesem Zuge bitte ich ihn anhand der Puppen um eine „Aufstellung" seiner inneren Stärken und Schwächen.

Folgende Szene (s. Abb. 6.2) entsteht und wird von Victor kommentiert (die Anmerkungen in Klammern sind meine Interpretationen).

Es gibt einen ganz alten König (als Stellvertreter für das Ich). Unter seinem Mantel sitzt die kleine schwarze Katze, sie unterstützt den König, sie ist so alt wie Victor und stark. Sie kann auch gut Witze erzählen. (Humor ist immer der

Abb. 6.2 Helfer und Widersacher (Archiv Pohl)

kleine Bruder des Ichs. Humor hilft, Distanz zu sich und den schwierigen Situationen zu gewinnen und sich damit nicht hilflos einer Situation ausgesetzt zu sehen.) Es gibt einen kleinen Schlauen, einen ängstlichen Prinzen (das Symbol für die Seele), einen großen bösen Geist (als Symbol für seine ungreifbaren Ängste) und einen kleinen Zauberer (als dessen Widersacher).

Wir schauen uns diese Konstellation an, überlegen gemeinsam, was dem König helfen könnte und welche der Figuren einen anderen Platz bräuchte, wie wir die Widersacher in Schach halten können und wer mit wem kooperiert.

Das ins Bild gebracht zu haben, lässt ihn deutlich gestärkt nach Hause gehen. Zum ersten Mal schaut er mir beim Abschied in die Augen und gibt mir die Hand.

Neben den Spielen besprechen wir den Umgang mit Gespenstern. Erleichtert reagiert er darauf, dass ich seine Gespenster nicht als irreal abtue, sondern vielmehr mit ihm darüber ins Gespräch komme, wie sie zu klassifizieren sind, welche Aufgaben sie haben und wie man ihnen zu Leibe rücken kann. Er malt sie auf, erfindet Gespensterfallen, und wir denken uns gemeinsam Rituale aus, wie er sie aus den Gebieten, in denen Victor sie nicht haben will, vertreiben kann. Da er verständnisvolle Eltern und eine ebensolche Großmutter hat, beteiligen sich alle bei der Umsetzung. Dadurch wird ein enormer Druck herausgenommen, wobei es Victor vor allem wichtig war, dass seine Befürchtungen von seiner Familie ernst genommen worden sind.

Da aber auch Gespenster ihren Platz brauchen, erlauben wir ihnen eine Kammer im Speicher. Ein großes Schild weist auf den Gespensterbereich hin, und eine Gespenstergrenze wird gezogen.

Den Eltern empfehle ich, dosierte Zugfahrten zu wagen, damit Victor Stück für Stück erleben kann, dass er – ausgerüstet mit einem „Mut-Stein", den ich ihm einmal geschenkt habe – mit seinen Ängsten umgehen kann.

Das „Gespenst" im Haus der Großmutter gebe ich in die Obhut der Erwachsenen mit dem Auftrag, es nach und nach verabschieden zu können. Das heißt, ich weise sie darauf hin, dass es an der Zeit ist, sich deutlicher den Lebenden zuzuwenden und die Toten ruhen zu lassen.

Victors Entwicklungsweg kann hier nur skizziert werden, aber ein Bogen zum Ende kann verdeutlichen, wie sehr ein Kind ein Thema (hier beinahe zwei Jahre hindurch) verfolgt, bis es eine Lösung gefunden hat.

Das Ende verteilt sich auf drei Therapiestunden.

In der ersten rüstet er seine Katze, die in den Weltraum fliegen will, mit allen möglichen Sicherungssystemen aus. So kann sie beruhigt wann und wohin auch immer fliegen, mit der Sicherheit, jederzeit wieder auf der Erde landen zu können.

In der zweiten Stunde schreibt er für die Katze ein Tagebuch, in der alle Abenteuer, die sie bestanden hat, aufgezeichnet sind.

In der dritten und letzten Stunde sprechen wir noch einmal über Verschiedenes, das wir zusammen erlebt haben. Als wir seine Zeichnungen anschauen, frage ich ihn, wie es wohl dem eingesperrten Menschen gehen mag, den er mir anfangs gemalt hat. Daraufhin lacht er verschmitzt und malt dieses Bild (s. Abb. 6.3):

> „Der Mensch sitzt da oben auf dem Baum und lacht, das Gefängnis ist gesprengt und fliegt durch die Luft, und der Gefängniswärter sitzt da unten und wundert sich." Victor

Victor geht nun tapfer auch in den zweiten und dritten Stock seiner Schule, kann allein bleiben und seinen „Mut-Stein", mit dem ich ihn ausgerüstet hatte, ohne den er lange Zeit überhaupt nicht aus dem Haus gehen konnte, vergisst er immer öfter.

Manchmal ist es ein äußeres schwerwiegendes Ereignis, das ein Grundproblem deutlich macht und eine Entwicklung in Gang bringt. Wie bei Lili.

Abb. 6.3 Victors Gefängnis ist gesprengt. Originalzeichnung des Kindes (Archiv Pohl)

Die eigenen Grenzen definieren

Lili – die Prinzessin, die Nein sagen lernte

In einem Königreich lebte einst eine Prinzessin. Ihr Vater, der König, war immens reich und verwahrte seine Schätze in einer geheimen Schatzkammer. Leider aber hatte der König einen Wächter, der sein Amt nicht gut versah. Immer wieder wurde er von einer unerklärlichen Müdigkeit überwältigt und schlief ein, und nichts konnte ihn dann mehr wecken.

Nun hatte die Prinzessin eine Freundin, mit der sie oft und gerne spielte. Am liebsten aber sahen sich die beiden die Schätze des Königs an und spielten in der Schatzkammer, obwohl der König das verboten hatte. Da der Wächter aber schlief, konnte er sie auch nicht verraten. Manchmal trieben sie sogar Schabernack mit dem Wächter und nahmen ihm heimlich seine Pistole ab.

> Die beiden Mädchen übten sich oft im Schwertkampf, um stark und mutig zu werden. Als sie eines Tages im Schlossgarten waren, um mit den Schwertern zu kämpfen, bemerkten sie einen Räuber, der in die Schatzkammer eindrang und des Königs Schätze stahl. Da der Wächter wieder einmal eingeschlafen war und so den Räuber nicht bemerkt hatte, weckten die beiden Mädchen ihn auf und verfolgten gemeinsam mit ihm die Spur des Räubers. Sie fanden ihn auch, überwältigten und fesselten ihn und warfen ihn ins Gefängnis. Für dieses Mal war der Schatz gerettet.
> Die Mädchen verließen immer wieder das königliche Schloss, um im Garten zu spielen. Es war der Prinzessin zwar verboten, weil bekannt war, dass es um das Schloss herum vor Räubern nur so wimmelte, aber da sie ihre Stärke und ihren Mut genug erprobt hatte, besaß sie keine Angst und schlich sich an der Wache vorbei. Weil die beiden Mädchen wussten, wie unzuverlässig der königliche Wächter war, mussten sie selbst nach dem Rechten sehen, denn auch ein Wachhund und ein Ersatzwächter, den der König einsetzte, erwiesen sich nicht als hilfreicher.
> Es gelang den beiden immer wieder, einen Räuber zu fangen, der sich zum Schloss vorwagte. Auch auf Verlockungen, die die Räuber einsetzten, um die beiden hintergehen zu können, fielen sie nicht herein. Vor allem die Prinzessin zeigte sich immer unerschrockener und ertüchtigte sich durch allerhand Mutproben. Auch wagte sie es, sich dem König zu widersetzen, und tat, was sie selbst für richtig hielt. Als der König dahinterkam, war er aber nicht zornig, sondern freute sich, weil er wusste, dass eine Prinzessin mutig sein und ausprobiert haben muss, was sie selbst kann, wenn sie später Königin werden will.
> Die Prinzessin musste noch viele Räuber fangen, viele Abenteuer bestehen und ihren Mut beweisen, bis die übrig gebliebenen Räuber endlich eingesehen hatten, dass sie gegen die Prinzessin nichts ausrichten konnten, und endlich Frieden im Schloss einkehrte.

Lili ist acht Jahre alt, als sie mir vorgestellt wird. Sie ist ein zartes, hübsches kleines Mädchen, das mir weder die Hand gibt, noch es wagt, mich anzuschauen.

Der Anlass Hilfe aufzusuchen, war, dass Lili Zeuge eines sexuellen Übergriffs geworden war, begangen an ihrer Freundin auf dem Heimweg von der Schule. Die beiden Mädchen begleiteten den Täter, einen psychisch kranken Jugendlichen, „obwohl sie es eigentlich nicht wollten, sich aber nicht trauten, Nein zu sagen", an einen abgelegenen Ort, an dem es zu der sexuellen Belästigung kam. Zum Glück wurde der Jugendliche bei seinem Tun gestört.

Bei der Anamnese stellt sich heraus, dass Lili unter selektivem Mutismus leidet, das heißt, sie spricht nicht mit anderen Erwachsenen außer den Eltern. In den ersten zwei Kindergartenjahren, so berichten die Eltern, habe sie auch nicht mit den Kindern gesprochen oder gespielt, im letzten Jahr sei sie aber aufgetaut und sehr beliebt gewesen, weil sie – nach ihren eigenen Angaben – nie Nein gesagt habe.(!) In der Schule spricht sie ebenfalls nicht, ist aber absolut zuverlässig und hilfsbereit und übernimmt jegliche Aufgaben, die andere Kinder ablehnen.

Lili wächst sehr behütet auf. Sie ist freundlich und tut, was man ihr sagt. Ihren kleinen Bruder versorgt sie liebevoll, setzt niemals ihre Interessen gegen seine durch. Die Eltern sind beide äußerst fürsorglich und vermeiden, ihr Kind einer Gefahr auszusetzen. Eigentlich darf Lili allein nirgends hin. Nur dieses eine Mal hat sie sich nicht innerhalb der engen Grenzen, die die Eltern gesetzt haben, bewegt und ist nach der Schule mit der Freundin mitgegangen. Den Eltern ist Lilis Erlebnis eine Bestätigung dafür, dass man Kinder gar nicht genug behüten kann.

Wie die Geschichte zeigt (die sich über etwa zehn Therapiestunden entwickelte), weiß es Lili aber besser. Sie hat sehr wohl begriffen, dass sie lernen muss, ihre eigenen Grenzen zu erkennen und zu setzen, um zu wissen, wann sie Nein sagen darf und muss. Sie lernt in der Therapie Mut und Entschlossenheit und dass sie sich auf sich selbst verlassen können muss, denn auch „Wächter, Wachhunde oder Ersatzwächter" stehen im Zweifelsfall nicht zur Verfügung.

Nicht zuletzt anhand Lilis Geschichte erkennen die Eltern, was not tut und geben ihrer Tochter zunehmend Gelegenheiten sich einerseits körperlich zu erproben und Mut zu entwickeln, andererseits auch zu ihren eigenen Bedürfnissen zu stehen.

Literatur

Deutsche Gesellschaft für Kinder- und Jugendpsychiatrie (2007) AWMF online Leitlinien: Hyperkinetische Störungen. http://www.dgkjp.de/leitlinien-top. (Zugegriffen: 10. Aug. 2015)

Eckhardt-Henn A (17.3.2007) Angst und Somatisierung, Vortrag am C. G. Jung-Institut Stuttgart

Erikson EH (1966) Identität und Lebenszyklus. Suhrkamp, Berlin

Jung CG (1971) Gesamtwerk 6. Walter, Olten

Riemann F (2004) Grundformen der Angst. Thienemann, Stuttgart

7
Angstgeschichten III

Angst vor dem Loslassen

„Deine Kinder sind nicht deine Kinder, sie sind Söhne und Töchter der Sehnsucht des Lebens nach sich selbst. Sie kommen durch dich, aber nicht von dir und obwohl sie bei dir sind, gehören sie dir nicht." (Kahlil Gibran 2004)

Die meisten Kinder verbringen heute viel mehr Zeit mit Erwachsenen als früher. Vermehrt sind sie bei ihren Beschäftigungen unter Aufsicht, im Kindergarten bis zum Ende des Berufstages der Eltern, in Ganztagsschulen, während des Sports oder bei anderen Freizeitaktivitäten, meistens in Vereinen. Die Eltern stehen für Hin- und Rückfahrten zur Verfügung.

Die Möglichkeiten der Kinder, unbeaufsichtigt allein oder mit anderen Kindern einer selbstbestimmten Tätigkeit nachzugehen, sind deutlich zurückgegangen.

Der Spielraum, in dem sich Kinder selbst erproben können, in dem sie eigene Wege gehen, Abenteuer erleben, Angst aushalten, Mut entwickeln und ihre Grenzen austesten können, ist inzwischen verschwindend gering.

Die Bewegungsfreiheit von Kindern wurde in den letzten drei Jahrzehnten erheblich eingeschränkt, wie eine in England durchgeführte Umfrage zeigt: 1971 durften 80 % der sieben- bis achtjährigen Kinder allein zur Schule gehen, 1990 waren es nur noch 9 %.

Inzwischen gibt es an vielen Schulen die von klugen Lehrern initiierte Kampagne „Zu Fuß zur Schule gehen". Offenbar ist es also auch bei uns üblich geworden, die Kinder zur Schule zu fahren.

„Aus Furcht, der Tod könnte uns das Kind entreißen, entziehen wir es dem Leben. Um seinen Tod zu verhindern, lassen wir es nicht richtig leben." (Janusz Korczak 2005)

Das schrieb Janusz Korczak schon vor 80 Jahren. Vieles hat sich seitdem noch weit gravierender entwickelt.

Erwiesenermaßen stimmen die Befürchtungen der Erwachsenen, Kinder seien heute größeren Risiken ausgesetzt als früher, nicht. Auch wenn die Medien uns das erfolgreich suggerieren. In den letzten Jahrzehnten hat weder die Gefährdung durch Vergewaltigung, sexuelle Nötigung, noch durch Mord und Totschlag zugenommen, auch nicht Sexualmorde an Kindern.

Eine verletzungsfreie Kindheit ist sicher nicht möglich oder nur unter Verhinderung jeglicher Entwicklungsmöglichkeiten für das Kind.

Anstatt auf die Widerstandsfähigkeit der Kinder zu vertrauen und das Verletzungsrisiko als Bestandteil der Freiheit anzusehen, welche die Kinder brauchen, um ihre Umwelt zu erkunden und mit ihr und mit sich selbst notwendige Erfahrungen machen zu können, wird versucht, die Kinder vor allem zu bewahren. Dadurch bewahrt man sie jedoch in erster Linie vor dem Leben selbst.

Wer Kinder überbehütet, raubt ihnen Lebensfreude, Selbstbewusstsein und die Chance, Krisen meistern zu lernen und Ängste zu überwinden.

Ein Kind, das sich von klein auf immer wieder selbst erproben konnte, kann viel besser Risiken einschätzen, weil es seine eigenen Grenzen besser kennt, als ein Kind, dem nichts zugetraut und zugemutet wurde.

Kinder als lebenszugewandte Wesen müssen sich immer erproben. Ob sie sich dabei in physischer Hinsicht etwas abverlangen, indem sie auf besonders hohe Bäume klettern, schwimmend Flüsse überqueren oder auf andere Weise sich selbst und ihre Grenzen erfahren, oder ob sie Horrorvideos anschauen, um Mut zu beweisen, wie es heute vielfach üblich geworden ist – in irgendeiner Weise werden sie Grenzen austesten.

Wir haben heute einerseits besonders die physische Unversehrtheit der Kinder im Auge, aber viele Erwachsene unterschätzen andererseits, in welchem Maße Kinder seelisch gefährdet sind: Mit ein paar Mausklicks kommen Zehnjährige an Pornovideos, gewaltverherrlichende Filmchen machen per Mobiltelefon die Runde auf dem Schulhof, ist eine Freundschaft zerbrochen, findet man intime Details dieser Beziehung bei YouTube wieder.

Das Phänomen *Helicopter parenting* beschreibt Eltern, die für die Überwachung ihrer Kinder wie Hubschrauber über diesen kreisen. Heute besitzt schon fast jedes Kind ein Mobiltelefon, das den Eltern jederzeit Kontakt zu ihren Kindern ermöglicht. Manche Eltern möchten sogar, dass ihren Kindern Mikrochips unter die Haut implantiert werden. Es gibt eine Rundumüberwachung durch GPS über das Mobiltelefon oder eine Einstellung, die eine SMS an die Eltern sendet, wenn das Kind sich in einem Radius von 500 m von zu Hause entfernt. Das „Kinderhandy Junior Tel" aus den USA mit „außergewöhnlichen Betreuungsfunktionen" schlägt Alarm, wenn das Kind nicht zu bestimmten Zeiten eine Taste drückt, damit die Eltern wissen, dass es noch lebt. Bei einem anderen Mobiltelefon können die Eltern Zonen eingeben, die das Kind nicht überschreiten soll.

Die Angst, die Eltern dazu bewegt, den Kindern immer wieder Misstrauen vor anderen Menschen einzuflößen, wird von allen Seiten nachhaltig geschürt, vor allem aber von den Medien. Der Rat: „Sprich nicht mit fremden Menschen, es könnte jemand sein, der etwas Böses von dir will", verunsichert die Kinder zutiefst. Wie sollen Kinder in einer solchen Atmosphäre des Misstrauens eine positive Einstellung zu anderen Menschen entwickeln? Wie sollen sie Urteilsfähigkeit ausbilden? Wie sollen sie Vertrauen haben, sich an einen Erwachsenen zu wenden, wenn sie wirklich einmal Hilfe brauchen?

Das, was sie wirklich und nachhaltig vor solchen Gefahren schützt, ist einzig und allein ein gut ausgeprägtes Selbstbewusstsein, damit sie Nein sagen können, wenn sie sich in einer Situation unwohl fühlen. Das heißt, sie brauchen einen guten Kontakt zu ihren eigenen Gefühlen anstatt Angst, geschürt durch die Erwachsenen. Denn – wie wir bereits wissen – Angst schwächt die Lebenskräfte.

Aber auch Eltern müssen Mut und Vertrauen in die Widerstandskraft ihrer Kinder entwickeln.

Und noch etwas:

> Zutrauen zum Leben gewinnen Kinder auch dadurch, dass man den negativen Eindrücken und Botschaften, denen das Kind dauernd ausgesetzt ist, etwas entgegenhält:
> Beziehung, Freude, Achtsamkeit, gemeinsames sinnvolles Tun, Schönheit, Ganzheit, Moralität.

Wenn sie aber immer wieder vermittelt bekommen, wie gefährlich das Leben ist und wie wenig man den Mitmenschen trauen kann, dann kann das verheerende Auswirkungen auf die seelische Gesundheit von Kindern haben.

Wenn Eltern nicht loslassen können

Tim: „Who drives the bus?"

Tim, neun Jahre, weigert sich seit Wochen jeden Morgen, in die Schule zu gehen. Die Eltern haben alles probiert, sie haben mit ihm geredet, ihm verschiedene Hilfen angeboten, nichts hat gefruchtet, aus Hilflosigkeit haben sie schließlich versucht, ihn gewaltsam dorthin zu befördern. Aber Tim ist stark und klammerte sich überall fest, sodass selbst der Vater körperlich überfordert war, Tim in die Schule zu schleppen. Gründe für seine Verweigerung kann Tim nicht angeben. In der Schule gab es keinen Vorfall, der sein Verhalten erklären würde. Trotzdem glauben die Eltern, dass das Problem in der Schule zu suchen ist.

Er hat die erste Klasse wiederholt. Seine Leistungen sind jetzt wieder so schlecht, dass die Eltern daran denken, ihn in die Parallelklasse wechseln oder diese Klasse noch einmal wiederholen zu lassen, vor allem weil, ihrer Meinung nach, seine jetzige Lehrerin so wenig Verständnis für ihn aufbringt. Sie glauben, bei einer neuen Lehrerin würden sich seine Leistungen verbessern.

Manchmal verliert er zu Hause völlig die Kontrolle über sich, weint, tobt und schlägt um sich, wenn ihm etwas versagt wird oder man etwas von ihm will. Insgesamt wirkt er gedrückt und verängstigt. Er kann ohne seine Mutter nicht schlafen, daher ist sie seit seiner Geburt zum Schlafen ins Kinderzimmer umgezogen. Das allerdings wird von den Eltern nicht problematisiert. Mit sieben Jahren hatte Tim eine Herzoperation. Das war, nach Angaben der Mutter, vor allem für sie ein traumatisches Ereignis.

Tim ist das jüngste von drei Kindern, die beiden älteren sind zehn und elf Jahre älter als er. Die Mutter ist ganz für ihn da, der Vater ist beruflich sehr eingespannt und wenig zu Hause.

Wenn Tim nicht zur Schule geht, macht er auch keine Aufgaben, obwohl er sie sogar von seiner Lehrerin gebracht bekommt. Am liebsten schaut er fern oder macht Computerspiele. Seine Mutter muss immer in seiner Nähe sein.

Tim ist ein großer, etwas dicklicher Junge, er hat ein rundes, wenig konturiertes Gesicht. Eigentlich sieht er aus wie ein zu groß geratenes Baby.

Auf den Vorschlag, etwas zu gestalten, malt er ein kleines braunes Haus mitten in einem düsteren Wald und erzählt dazu:

> Die Tür ist vernagelt. Man muss, um reinzukommen, durchs Fenster klettern. Drinnen ist es leer und düster, unheimlich und kalt. Früher war das Haus von einem Untier bewohnt, jetzt hausen noch Gespenster darin. Kein Mensch ist da. Zum Haus führt von beiden Seiten eine goldene Brücke, aber darunter lauern Krokodile, in der Luft fliegen ein Raubvogel und Gespenster.

Nur schwer lässt sich Tim zunächst auf die Therapieangebote ein. Als er den Wunsch äußert, eine Figur modellieren zu wollen, fällt auf, dass er planlos arbeitet und ohne Sorgfalt. Wenn er sich selbst etwas vornimmt und es ihm nicht gleich gelingt, weicht er schnell davon ab. Er scheint sehr bald mit dem, was er tut, zufrieden zu sein oder gibt es zumindest vor. Am besten gefällt ihm seine Figur „der Dummkopf", die er vor einen Fernseher setzt.

Neben seinem ungeschickten Umgang mit den angebotenen Materialien und einer ziemlichen Sturheit darin, die Therapeutin zu überhören und die Dinge nach seinem Gutdünken zu tun, fällt seine verwaschene Sprache auf.

Beim Abholen fällt auf, dass ihm die Mutter nicht nur den Anorak anzieht, sondern auch noch seine Schuhe zubindet.

Nach drei Stunden gibt es einen Durchbruch. Er modelliert auf eigenen Wunsch eine Handpuppe, mit der er dann spielen will. Es soll ein Löwe werden. Der Löwe gelingt ihm auch zufriedenstellend, wenn auch der ganze Prozess mühsam war, er oft aufgeben oder der Therapeutin die Arbeit überlassen wollte.

Er ist stolz auf seinen Löwen, nennt ihn Julius Caesar und wünscht ihm „ewige Stärke".

Er spielt diese Geschichte:

> In einer Wüste lebten ein Löwe und ein Fuchs. Die beiden werden von einem Jäger (Tims Vater ist von Beruf Förster) bedroht. Der lockt den Löwen mit einem Köder an, darin ist aber ein Messer versteckt. Daran soll sich der Löwe verletzen. Zum Glück merkt er aber noch rechtzeitig, was der Jäger vorhat. Aber der Jäger gibt nicht auf, er stellt Fallen auf und bringt sogar einen Drachen mit, der gegen den Löwen und den Fuchs kämpfen soll. Aber es gelingt ihm immer noch nicht, Fuchs und Löwe zu besiegen. Manchmal allerdings schneidet sich der Löwe an dem versteckten Messer.

In einem anderen Spiel gibt es zwei Löwen, einen alten und einen jungen.

> Der alte Löwe bedroht das Reich des jungen und will es ihm streitig machen. Deshalb greift er ihn zusammen mit einem Drachen an. Der Drache ist eigentlich nicht böse, nur wenn man ihn ärgert. Er ist aber der Kundschafter des Jägers. Der alte Löwe braucht das Land eigentlich nicht, er will es aus purer Besitzlust. Weil sie nur zusammen stärker sind als der Jäger, tun sich die beiden Löwen zusammen. Sie spionieren ihn aus, um herauszubekommen, was er ihnen tun will, und suchen sich ein gemeinsames Versteck. Nun können sie zusammen mit dem Fuchs in Frieden leben, ohne Angst vor dem Jäger haben zu müssen.

Und eine dritte Geschichte:

> Der junge Löwe ist der König der Wüste (er ist zehn Jahre alt) und muss sein Revier gegen den alten König (50 Jahre alt) verteidigen. Der alte König hat einen Sklaven, den Fuchs. Der junge König überredet den Fuchs, sein Sklavenleben aufzugeben, und bietet ihm Platz in seinem Revier an. Der Fuchs erzählt dem jungen König, was der alte so treibt, schließt sich dem jungen König an und verweigert dem alten König den Dienst. Er erfährt, dass Soldaten mit schweren Gewehren kommen wollen, und empfiehlt dem jungen König, eine unterirdische Höhle zu

> bauen und Vorräte an Wasser und Fleisch anzulegen, bis die Soldaten wieder fort sind. Als der alte König auch Schutz suchen will, erlaubt ihm der junge nur, bei wenig Essen in einer kleinen Seitenhöhle zu bleiben.

An der letzten Geschichte kristallisiert sich am deutlichsten Tims Grundproblem heraus:

Er lebt in einer engen Beziehung zu seiner Mutter. Je mehr Schwierigkeiten er macht, desto eher muss sie sich um ihn kümmern. Er ist ihr kleiner Bub geblieben, der Vater scheint diese enge Beziehung nur zu stören. Vor allem, wenn er Ansprüche anmeldet, muss Tim sein Terrain verteidigen: Er okkupiert die Mutter nicht nur nachts, auch die Abende stehen dem Ehepaar zu Gemeinsamkeiten nicht zur Verfügung. Die einzige Zeit, die ihnen gelegentlich noch zusammen bleibt, sind die Vormittage, denn da ist Tim ja in der Schule, jedenfalls sollte er dort sein … Unbewusst treibt Tim also die Sorge um, was wohl geschieht, wenn er vormittags nicht zu Hause ist. Hier handelt es sich um eine typische Schulphobie, die jedoch nicht die Angst vor der Schule (zum Beispiel wegen schlechter Noten oder Mobbing) bezeichnet. Damit ist vielmehr eine Vermeidungshaltung gegenüber der Schule gemeint, die mit der Institution selbst nichts zu tun hat, also beispielsweise die Angst, was zu Hause geschehen könnte, wenn man nicht da ist.

Tim will die Mutter nur für sich allein und kämpft um den ersten Platz. Er ist dabei ja auch erfolgreich, denn der Vater zieht sich immer mehr zurück, während er die Mutter völlig okkupiert.

Die Mutter ist in einem Dilemma: Wenn Tim sie nicht mehr braucht, muss sie sich einerseits fragen, wie es um die Beziehung zu ihrem Mann bestellt ist (im Moment ist alles überlagert von der Sorge um Tim), und sie hat sie vorerst möglicherweise keine Aufgabe mehr. Sie kann noch nicht anerkennen, dass Tim langsam aus ihrer Fürsorge herauswächst, und behandelt ihn immer noch wie ein Kleinkind.

Andererseits fühlt sie sich durch Tim auch eingeengt und bestimmt.

Tim ist noch gar nicht so weit, wirklich nach einer Ich-Identität zu suchen, so wie wir es bei anderen Kindern seines Alters gesehen haben. Der Löwe ist noch gar nicht imstande, sein eigenes Terrain zu beanspruchen, er ist noch ganz damit beschäftigt, sich von Rivalen zu befreien. Seine häuslichen Wutausbrüche sind ein Ausdruck noch sehr unbewusster Befreiungsversuche. Das ist für ihn noch kein wirkliches Problem, er will vor allem klein bleiben, seine Mutter in der Nähe haben und so wenig wie möglich gefordert werden. Und diese Wünsche werden ihm ja auch erfüllt. Zu Hause wird ihm alles abgenommen, er hat keine Pflichten und wird bemuttert. In der Schule werden jedoch andere Ansprüche an ihn gestellt.

Der Hintergrund dafür, dass Tim noch nicht die Reife anderer gleichaltriger Kinder besitzt, liegt auch in seiner offensichtlichen intellektuellen Schwäche, die die Eltern jedoch so noch nicht sehen können. Er ist von vielen Eindrücken überfordert, auch von den Ansprüchen der Schule. Er weiß, dass er bei seinen Leistungen mit den anderen nicht mitkommt, und hat Angst zu versagen. Unter diesem Aspekt handelt es sich bei ihm um eine Schulangst und eine Schulphobie gleichzeitig.

Es ist jedoch durchaus vorstellbar, dass er sich mit Abnahme seiner Ängste, die ihn momentan noch sehr beanspruchen, auch intellektuell deutlich entwickeln könnte.

Emotional steht Tim noch auf einer kleinkindhaften Stufe.

Er verliert seine Ängste erst dann, wenn man in der Schule seine Schwächen erkennt und ihm eine Förderung anbietet, die seinen intellektuellen Möglichkeiten angemessen sind. Darüber hinaus sollte er andererseits zu Hause wie ein Neunjähriger behandelt werden. Es muss ihm Raum gegeben werden für seine Individualentwicklung. Das heißt, er muss lernen, in seinem eigenen Bett zu schlafen, er muss häusliche Aufgaben übernehmen, an die er Erfolgserlebnisse knüpfen kann, er muss altersadäquat gefordert werden. Und er braucht seinen Vater als männliches Vorbild.

Er muss spüren, dass er nicht der Keil sein kann, der sich zwischen die Eltern schiebt. Und die Mutter vor allem muss Tim den ihm gebührenden Platz zuweisen. Er muss als der erkannt werden, der er ist, auch mit seinen Schwächen.

Vielleicht würde es der Mutter guttun, wenn sie wieder eine außerhäusliche Aufgabe fände, und den Eltern, wenn sie ihre eheliche Beziehung wieder mehr in den Vordergrund stellen könnten. Ihnen wüchsen dadurch neue Kräfte zu, und Tim wäre nicht mehr der Mittelpunkt, um den alles kreist.

Wenn Kinder nicht Kinder sein dürfen

Tobias: „Ich bin so schwach!"

Tobias wird vorgestellt, weil er unter Schulangst leidet. Dass es sich hier um eine eindeutige Schulphobie handelt, zeigt sich im Verlauf. Morgens klagt er über starke Kopf- und Bauchschmerzen, weshalb er nicht zur Schule gehen kann. Wenn er zu Hause bleiben darf, geht es ihm im Laufe des Vormittags schnell besser. Das geht schon seit einigen Wochen so. Er ist der Mutter gegenüber herrschsüchtig, häufig aggressiv und stellt sie gerne im Beisein von anderen Erwachsenen bloß. Vorher fiel auf, dass er nicht allein in einem Zimmer sein konnte, sich ständig schwach fühlte und immer gerne krank war. Er hat große Angst vor Dunkelheit. Seit seiner Geburt teilt er mit seiner Mutter das Schlafzimmer. Die Mutter muss abends bei ihm bleiben, bis er eingeschlafen ist.

Tobias lebt mit seiner Mutter allein, seit der Vater vor fünf Jahren ausgezogen ist.

Jetzt ist er acht Jahre alt, ein Einzelgänger, ohne wirkliche Freunde, aber nicht unbeliebt. In der Familie (das ist außer der Mutter vor allem deren Herkunftsfamilie) gilt er als hochbegabt, seine sprachliche Ausdrucksweise ist auffallend differenziert, intellektuell, eher altklug. Die Mutter berichtet, er denke und spreche oft wie ein Erwachsener, er sei auch ihr wichtigster Gesprächspartner. Außenkontakte gebe es kaum, weil sie abends nicht ausgehen könne. Seine Schulleistungen sind mäßig. Er ist ein Stubenhocker, sitzt am liebsten über Büchern und spezialisiert sich auf Sachgebiete. Zu der Zeit, als er vorgestellt wurde, war es das alte Ägypten (dabei interessierten ihn vor allem die Mumien).

Er demonstriert seine Schwäche, indem er in der Schule kaum gerade stehen oder seine Flöte halten kann, meist hat er den Kopf auf der Bank liegen.

Die Mutter schildert, dass die Schwangerschaft durch Konflikte mit dem Vater belastet gewesen sei, sie habe sechs Monate wegen Schwangerschaftskomplikationen liegen müssen und große Angst um das Kind gehabt. Der Vater habe seine Familie im Stich gelassen. Tobias werde oft von ihm enttäuscht, er sei unzuverlässig, seine neue Beziehung sei ihm wichtiger als sein Sohn. Die Mutter habe die ganze Verantwortung zu tragen, das mache sie oft überängstlich.

Es kommt ihr entgegen, dass Tobias meist zu Hause über seinen Büchern sitzt und nicht mit anderen Kindern draußen spielt. Dagegen wird er von der Mutter in Erwachsenenthematiken einbezogen, sie problematisiert Tobias gegenüber auch die Unzuverlässigkeit des Vaters und dessen Lebenswandel ebenso wie ihre eigene Einsamkeit. Sie äußert Tobias gegenüber auch, dass der Bruch zwischen ihr und dem Vater aus den unterschiedlichen Erziehungsvorstellungen entstanden sei.

Der Großvater weiht seinen Enkel in mystische Geheimnisse über Freimaurer und die alten Ägypter ein. Tobias sieht viel fern, er darf sich seine Sendungen weitgehend selbst aussuchen.

Das alles kehrt in ganz „unverdautem" Zustand in seinen Spielen wieder. Man erlebt ein völlig unstrukturiertes Spiel, in dem es von Weisheiten, Halbweisheiten, kindlichen Erklärungsmustern, Mumien, Katastrophen, Kasperle und Seppl, Pharaonen, Räubern, Hexen und einer Menge unterschiedlicher Gespenster nur so wimmelt. Seine Überforderung, alle die Informationen und Probleme, die an ihn herangetragen werden, in irgendeiner Weise verarbeiten zu können, wird überdeutlich. Als Gesprächspartner der Mutter ist er ebenso überfordert wie als ihr Tröster. Auch die Rolle des Adepten des weisen Großvaters ist seinem Alter nicht angemessen. Kein Wunder, dass er sich schwach fühlt.

Außerdem ist er in einer ziemlichen Zwickmühle: Einerseits liebt er seinen Vater und freut sich immer, wenn er bei ihm sein kann. Andererseits macht er sich mit seiner Liebe zum Vater eines Verrats an seiner Mutter schuldig, die den Vater für verantwortlich an ihrer schwierigen Situation hält und zudem glaubt, dass der Kontakt zu seinem Vater Tobias Schaden zufügt. Wenn man vom Vater einfach so verlassen wird, muss man dann nicht auch fürchten, von der Mutter ebenso plötzlich verlassen zu werden? Schuld an der Trennung scheint Tobias ja sowieso zu sein.

Wie kann man da unbeschwert in die Schule gehen? Die enge Beziehung zur Mutter, die Beschützerrolle, die er eingenommen hat, macht es ihm unmöglich, seine Mutter alleinzulassen. Er ist andererseits aber auch noch ihr kleines Kind, das bei ihr schlafen will und ohne sie überhaupt nicht einschlafen kann. Gleichzeitig spürt er auch, dass er sich von seiner Mutter ablösen müsste. Daher rühren die Aggression, die er seiner Mutter gegenüber an den Tag legt, und seine missglückten Abgrenzungsversuche, wenn er seine Mutter im Beisein anderer bloßstellt. Hier keinen Ausweg zu finden, macht ihm Angst. Er erlebt sich als schwach. Sein diffuses Spiel drückt die ganzen Überforderungen und seine Ambivalenzkonflikte aus.

Da er mir aber nur zur Erziehungshilfe vorgestellt wird und keine Therapie angedacht ist, bleibt mir nur zu raten, diese Konflikte ernst zu nehmen und ihn aus der Erwachsenenrolle zu entlassen. Stattdessen sollte die Mutter sich adäquate Gesprächspartner suchen und Zurückhaltung üben im Hinblick auf die Bewertung der Beziehung zwischen Vater und Sohn.

Tobias muss in eine kindliche Unbeschwertheit zurückfinden, eine Mutter erleben können, die ihr eigenes Leben lebt, ohne dass die Mutter-Kind-Beziehung deshalb in Gefahr gerät. Tobias braucht mehr Kontakt zu Gleichaltrigen und altersgemäße Spielmöglichkeiten. Kinder sind nun mal keine etwas zu klein geratenen Erwachsenen.

Angst kann man nicht ausreden

> „Jill: ‚Ich habe Angst.'
> Jack: ‚Hab keine Angst.'
> Jill: ‚Ich habe Angst, Angst zu haben, wenn du mir sagst, ich soll keine Angst haben.'" (Laing 1987, S. 26)

Merle: „Es hat nur ein kleines Auachen!"

Merle, ein sieben Jahre altes Mädchen, hat vor allem Angst: Angst, dass es ihr übel werden könnte, Angst vor Gespenstern, Angst vorm Alleinsein, Angst vor Dunkelheit, Angst zu sterben, Angst vor Spinnen und anderen Tieren …

Sie kann nicht allein schlafen, sie traut sich nichts zu, kann weder mit dem Messer noch mit Streichhölzern umgehen (das bemerke ich in der Therapie, sie ist darin völlig ungeübt, offenbar sind die Eltern viel zu vorsichtig, um Merle dergleichen zu Hause in die Hand zu geben), sie ist unselbstständig und gibt schnell auf. Sie ernährt sich hauptsächlich von breiartigen Speisen, kauen mag sie nicht gern.

Bei der Anamnese stellt sich heraus, dass Merle eigentlich nur das Verhalten und Befinden der Eltern widerspiegelt. Der Vater leidet unter einer massiven Angststörung, die es ihm zeitweise nicht erlaubt, seinem Beruf nachzugehen, weil er nicht aus dem Haus gehen kann. Merle erfährt von den Ängsten ihres Vaters nichts.

Die Mutter hat sehr wenig Selbstvertrauen, wagt es beispielsweise nicht, allein mit dem Auto in die Stadt zu fahren aus Angst, sich zu verfahren. Auch die Autobahn meidet sie, weil sie einen Unfall befürchtet. Da die Eltern die Einschränkungen für Merle bemerken, die die Angst ihrer Tochter mit sich bringt, wollen sie unter allen Umständen vermeiden, dass sich bei Merle wiederholt, was die beiden nur zu gut kennen.

So klammern sie in Merles Leben alles aus, was ihr Angst machen könnte. Sie wird in „Watte gepackt", alles, was als gefährlich eingestuft wird (und das ist nicht wenig), wird vermieden. Wenn wirklich etwas passiert, wird es verleugnet (der Tod des Hamsters wird Merle nicht zugemutet, schnell wird ein neuer gekauft, bevor der Verlust von Merle bemerkt werden könnte) oder bagatellisiert: In der Therapiestunde geht einmal ein Pferd, mit dem sie spielt, gänzlich zu Bruch, was die Bemerkung bei ihr hervorruft: „Es hat ja nur ein kleines Auachen!"

Merle erkennt jedoch, dass ihr die ganze Schonung wenig dienlich ist, in ihrer Spielstunde erzählt sie nämlich eine ganz andere Geschichte:

> Es war einmal ein König, der lebte mit seiner Königin und seinen zwei Töchtern in einem Königreich. Der König war dafür bekannt, dass er sich vor allem fürchtete: Er hatte Angst, wenn die größere der beiden Prinzessinnen wegging, ohne etwas zu sagen, er hatte auch Angst, dass sie nicht zurückkäme. Er fürchtete sich vor Pferden, vor Füchsen und davor, im Wald zu schlafen.
>
> Die kleine Prinzessin hatte bald genug davon, immer zu Hause zu bleiben, wenn die große Prinzessin wegging, denn dann musste sie immer in ihrem Bettchen liegen, und das war langweilig. Deshalb aß sie eines Tages richtiges Essen und ging mit

> ihrem Pferd hinaus. Im Wald begegneten ihr Krokodile. Weil sie noch nie welche gesehen hatte, hatte sie auch keine Angst davor. Als sie aber von ihnen angegriffen wurde, bekämpfte sie sie. Dann ging sie nach Hause.
> Weil ihr alles so gut gelungen war, konnte sie schließlich sogar den König selbst davon überzeugen, mit ihr hinaus in die Welt zu gehen. Dort suchten sie einen Zauberer auf, den die Prinzessin kannte. Er sollte den König von seinen Ängsten befreien. Es gelang ihm auch und, obwohl sich der König immer noch ein wenig vor den Füchsen fürchtete, übernachteten sie zusammen im Wald. Die Füchse waren nämlich gar nicht gefährlich, und weil sie sich dann in deren Nähe wagten, konnten sie sie dabei beobachten, wie sie ihr Fuchskind ins Bett brachten.
> Die Krokodile gab es zwar immer noch, aber mithilfe des Schlosshundes und seiner Pistole gelang es dem König, sie zu vertreiben. Sie kamen zwar immer mal wieder, aber keiner hatte mehr Angst vor ihnen.

An dieser Geschichte kann man nicht nur ablesen, wie klar Merle weiß, was zu tun ist, sie macht auch deutlich, wie sehr sich Kinder für ihre Eltern verantwortlich fühlen. So sehr, dass Merle sogar glaubt, die Angststörung ihres Vaters – von der sie ja angeblich nichts weiß – für ihn lösen zu müssen.

Nun mag es so klingen, als ob die Eltern mal wieder einmal an allem schuld seien. Aber auch wenn Merle die Ängste ihrer Eltern auslebt, hat sie es doch mit sehr feinfühligen Eltern zu tun, die, nachdem sie verstanden haben, wie sie Merle besser unterstützen können, behutsam dabei vorgehen. Denn: Im Märchen kann man sich vielleicht einfach den Füchsen stellen, im wirklichen Leben würde sich Merle bei einem draufgängerischen Vater, der ihre Ängste ignorieren und sie in unzumutbar beängstigende Situationen bringen würde, sicher vollkommen zurückziehen.

Außerdem: Menschen, die Ängste kennen und auch erleben konnten, dass sie bezwingbar sind, sind ein Segen für ihre Mitmenschen. Denn Sensibilität, Empathie und Mitleidsfähigkeit sind Tugenden, derer wir heute besonders bedürfen.

Literatur

Gibran K (2004) Der Prophet. DTV, München
Korzak J (2005) Wie man ein Kind lieben soll. Vanderhoeck, Göttingen
Laing R (1987) Knoten. Rowohlt, Hamburg

8
Angstgeschichten IV

Wenn Grenzen verwischen

Maria: „Mein Papa ist der Coolste!"

Bei Maria handelt es sich um ein elfjähriges Mädchen. Sie lebt mit ihrer zwei Jahre älteren Schwester bei der Mutter, die sich vor fünf Jahren vom Vater getrennt hat.

Maria verweigert seit einiger Zeit jede Leistung. Vor einem halben Jahr wurde sie in eine Schule für lernbehinderte Kinder versetzt, aber auch da möchte sie nicht sein. Sie will auch nicht mehr aus dem Haus gehen, weil sie Angst hat, es könnte ihr etwas passieren. Sie isst sehr wenig, ist antriebslos, ängstlich und überangepasst, ihrer Mutter gegenüber reagiert sie schnell aggressiv. Wenn sie in die Schule soll, klagt sie über Bauchschmerzen. Abends kann sie nur schwer einschlafen.

Hier ist die Vorgeschichte der Eltern von besonderer Bedeutung.

Marias Großmutter wurde mit 16 Jahren schwanger. Sie verliebt sich in einen gleichaltrigen Mann, als ihre Tochter

16 Jahre alt ist. Die beiden gehen eine Beziehung ein. Bei den Besuchen des Mannes im Haus seiner Freundin lernt er die 16-jährige Tochter kennen. Diese hat schon seit Jahren regelmäßige sexuelle Kontakte mit Männern, „verführt" (so die Wortwahl von Marias Mutter) den Freund der Mutter, und als sie 17 Jahre als ist, heiraten die beiden. Sie bekommen zwei Töchter, Klara und Maria.

Als Marias Mutter zum Erstgespräch kommt, erlebe ich eine echte „Kindfrau". Man würde sie eher für die große Schwester der beiden Mädchen halten als für deren Mutter. Die Mädchen machen indessen äußerlich einen sehr frühreifen Eindruck. Der inzwischen 45-jährige Vater gibt sich sehr jugendlich. Seine äußere Erscheinung und seine Interessen entsprechen eher einem 17-Jährigen.

Maria ist ein hübsches elfjähriges Mädchen mit langem, offenem Haar, bekleidet mit einem offenherzigen T-Shirt und einer sehr engen Jeans. Sie ist dezent geschminkt. Ihre Schuhe haben kleine Absätze – sie sieht aus wie die perfekte Lolita. Gleichzeitig ist sie sehr kindlich und lässt sich ohne Weiteres auf das Spiel mit den Puppen ein.

Die Mutter äußert den Verdacht, dass der Vater, von dem sie schon seit zwei Jahren getrennt hat, seine jüngste Tochter sexuell missbraucht. Möglicherweise löst Maria ihre ältere Schwester Klara als Sexualpartnerin ab. Ihre zunehmende Ängstlichkeit, ihre Wutanfälle und ihr Rückzugsverhalten könnten ein Indiz dafür sein. Im Zusammenhang mit ihrem sexualisierten Verhalten, ihrer aufreizenden Kleidung und ihrem gesamten Auftreten muss dem Verdacht nachgegangen werden. Auch dass sie Zeichnungen anfertigt, die eindeutige Beischlafszenen darstellen und die sie – scheinbar versehentlich – in der Schule liegen lässt, und dass sie beim Anschauen von Internet-Pornoseiten erwischt wird, würde einen Missbrauchsverdacht nahelegen.

Deutlich wird auf Anhieb, dass hier die Grenze zwischen Erwachsenen und Kindern völlig verwischt ist. Die Erwachsenen sind hinsichtlich ihres Auftretens auf der Stufe von Halbwüchsigen stehengeblieben, die Kinder hingegen gebärden sich wie Erwachsene. Dass damit auch eine Verwischung der Grenzen im sexuellen Bereich einhergeht, ist vorstellbar.

Maria betont häufig, wie wichtig der Vater für sie ist, dass sie sehr gerne zu ihm geht und dass es dort immer schön sei. Kommt der Kontakt – auch über längere Strecken – nicht zustande, fragt sie allerdings nicht nach. Sie wirkt dann ausgeglichener. Einerseits möchte sie die geliebte und bevorzugte Tochter und Gefährtin des Vaters sein, andererseits ist sie in einer sehr ambivalenten Rolle gefangen und spürt die diffusen unbenennbaren Ängste, die sie begleiten und sich hemmend auf ihr Leben auswirken.

Sie verhält sich wie ein kleines Kind, das sich vor Angst die Augen zuhält. Maria würde am liebsten verschwinden, indem sie sich in Passivität zurückzieht, nichts mehr will, nichts mehr tut, nichts mehr isst.

Zum Schutz der Kinder befürworte ich den Wunsch der Mutter, den Kontakt zwischen Vater und Kindern nur noch im Beisein der Mutter zu ermöglichen. Übernachtungen beim Vater sollen vorerst ausgeschlossen sein. Anlass hierzu gab auch, dass der Vater in den Beratungsgesprächen völlig uneinsichtig war und die Gefährdung seiner Tochter nicht erkennen konnte, geschweige denn seinen Anteil daran wahrhaben wollte. Eine Verhaltensänderung war vorerst nicht zu erwarten.

Neben der Einzeltherapie mit Maria nehmen natürlich die Gespräche mit den Eltern einen großen Raum ein. Darauf soll hier aber nicht eingegangen werden. Uns soll hier vor allem interessieren, wie sich Maria aus der Situation befreit.

Zwei Motive sind in ihrem Spiel wichtig:

> Im ersten Teil der Therapie spielt sie die Geschichte einer jungen Bärin, die von einem Jäger verfolgt wird, der sie häuten und auf ihrem Fell schlafen will. Der Jäger sticht ihr in den Bauch und zieht ihr das Fell ab.
> Als er erneut eine Bärin fangen will, trifft er auf eine, die schlau und mutig ist und vor allem zornig, weil der Jäger ihre Schwester getötet hat. Es gelingt der Bärin, den Jäger in die Flucht zu schlagen. Dieser ersinnt aber immer neue Möglichkeiten, die Bärin zu fangen: Er legt Schlingen aus und stellt Fallen auf. Zwar gelingt es der jungen Bärin immer wieder zu entkommen, sie besiegt den Jäger im Zweikampf, erkennt ihn an seinem Geruch (er stinkt nämlich), obwohl er sich mit Beeren einreibt, aber am Ende schießt er auf sie. Sie ist zwar nicht tot, stellt sich nur so, aber er schleppt sie in seine Höhle, und schließlich stirbt sie an einem vergifteten Trunk. Er zieht auch dieser Bärin das Fell ab und schläft darauf.
> Im zweiten Teil der Therapie spielt sie die Geschichte eines bösen Zauberers, der mit seiner Tochter in einer Höhle im Wald wohnt. Er hat einen Zauberkreis um die Höhle gezogen, damit sie nicht wegkann.
> Die Tochter muss ihm dienen, sie muss alles für ihn tun, aber weil sie klug ist und alle Zaubersprüche heimlich von ihm gelernt hat, lässt sie sich nichts mehr gefallen.
> Sie zwingt ihn, sich zu duschen, weil er so stinkt und krault ihn nur noch mit Handschuhen, weil er so eklig ist.
> Der Zauberer verzweifelt fast, weil sie so aufsässig und überhaupt nicht mehr nett zu ihm ist. Aber er hat es ja nicht anders verdient. Das Mädchen fängt ein Verwirrspiel mit dem Zauberer

> an, sodass er am Ende glaubt, er sei verrückt geworden. Das schwächt seine Macht noch mehr.
>   Am Ende bekommt das Mädchen den Zauberer ganz in ihre Gewalt. Er kann nun nicht mehr zaubern und muss tun, was sie will. Sie zaubert ihm auch die Hände weg. Er kann sich nicht mehr fortbewegen und muss immer in seiner Höhle bleiben. Die Tochter aber zieht in das unter der Zaubererhöhle befindliche Schloss.
>   Sie zaubert ihn nett, und er muss nun ihr überlassen, was sie tun will.

Das ist die Geschichte in ihren wesentlichen Aspekten. Es gab Nebenschauplätze und jede Menge Rückschläge. Am Ende hat es Maria aber doch geschafft, für sich Grenzen zu erkennen und sich nicht hilflos ausgeliefert zu fühlen. Sie ist nun auch im „wirklichen Leben" in der Lage, ihre eigenen Grenzen zu setzen. Selbstverständlich kann man die Lösung der anfangs beschriebenen Situation nicht dem elfjährigen Mädchen überlassen, aber um sie vor möglichen weiteren Übergriffen auch in anderen Situationen zu bewahren, ist es unabdingbar, dass Maria deutlicher ihre eigenen Bedürfnisse erkennt und ihre eigenen Interessen wahrnehmen kann.

Aktuell muss sie durch Erwachsene geschützt werden.

Manchmal gestalten sich die Situationen schwieriger, und nicht immer kann eine befriedigende Lösung gefunden werden, wie das nachfolgende Beispiel zeigt.

Caroline, die kleine Lolita

Caroline, neun Jahre alt, wurde vorgestellt nach einem sexuellen Missbrauch durch ihren zwölf Jahre älteren Cousin. Der junge Mann hat öfter, wenn Carolines Mutter abwesend war, auf sie aufgepasst. Die Mutter des Mädchens kam eines Tages früher als erwartet nach Hause und hat dadurch den Missbrauch aufgedeckt. Offenbar hatte sich die Situation schon über Wochen hingezogen.

Caroline ist ein zartes, durchscheinendes Kind. Ihr Äußeres entspricht mehr einem Teenager mit langem, offenem Haar, einem bauchfreien Top, lackierten Finger- und Fußnägeln, silbernen Schühchen mit Absätzen. Sie imponiert oberflächlich durch ein auffälliges, geziertes, theatralisches Gehabe, dahinter verbirgt sich ein sehr verunsichertes Kind, das sich, wenn es antworten soll, ständig durch Blickkontakt mit der Mutter ihres Einverständnisses vergewissern muss.

Die Eltern haben sich vor einiger Zeit getrennt und kämpfen seither erbittert mitten in einem Rosenkrieg. In dieser Situation blieb nicht so viel Zeit für Caroline, wie es nötig gewesen wäre. Daher fällt ihnen auch nicht auf, dass Caroline zunehmend das Essen verweigert, und sie nehmen auch ihre Klagen über Bauchschmerzen nicht ernst. (Die Mutter war als Jugendliche magersüchtig, ihr eigenes Verhältnis zum Essen ist immer noch gestört. Das mag eine zusätzliche Erklärung sein.) Caroline ist oft einsam und weiß nicht, wem sie ihre Sorgen anvertrauen soll. Da taucht der Cousin auf, der plötzlich Zeit für sie hat, ihr zuhört und ihr schmeichelt.

Missbraucher haben ein untrügliches Gespür für Kinder in seelischer Not, die sich als potenzielle Opfer eignen, und können so deren Vertrauen gewinnen.

Caroline war, nach Aussage der Mutter, schon immer ein Kind, das sich gut anpassen konnte. Sie hatte noch nie viel Widerspruchsgeist, ist immer freundlich und schließt sich gerne Erwachsenen an. Mit Kindern hat sie Probleme. Sie hat vor vielen Dingen Angst und schläft nachts bei der Mutter im Bett. Sie klagt schon längere Zeit über Albträume.

Um die Sympathie des Cousins nicht zu verlieren, schweigt Caroline über die Vorfälle. Ihr ist ganz und gar nicht wohl dabei, aber gleichzeitig ist sie stolz, dass sie mit ihrem großen Cousin ein Geheimnis teilt.

In ihrem Spiel erlebt man diese Situation exakt gespiegelt.

Es geht darin um eine kleine Prinzessin, die sich von einem Räuber immer wieder arglos in seine Höhle locken lässt, unter dem Vorwand, ihr schöne Schätze zu zeigen. Doch sie wird in der Höhle eingesperrt, und Schätze gibt es dort auch nicht. Es ist fast nicht auszuhalten, wie sich die Prinzessin (von Caroline gespielt) immer wieder von neuem in die Falle locken lässt. („Sie will halt so gerne die Schätze sehen!") Durch einen Rollentausch versuche ich ihr Verhaltensalternativen aufzuzeigen. Nur ganz allmählich kann sie die Verweigerung gegenüber der räuberischen Verführung annehmen.

Am Ende modelliert sie eine Prinzessin, schön ausstaffiert, detailgetreu, aber ohne Mund – ein Hinweis darauf, dass sie über ihren Mund selbst bestimmen (sie wurde zu Oralverkehr gezwungen), aber gleichzeitig auch die Nahrung weiter verweigern will. Dass es hier einen Zusammenhang gibt, ist offensichtlich.

Hinzu kommt, dass die Mutter – aufgrund ihrer eigenen Essstörung – relativ bizarre Essgewohnheiten auch auf ihre Kinder übertragen hat und über diese mit eiserner Hand bestimmt.

In den wenigen Wochen, die Caroline zur Therapie kommt (die Eltern brechen die Therapie viel zu früh ab, weil sie sich auch darüber uneins sind), wird sie immer durchscheinender. Sie ist deutlich untergewichtig. Die Mutter bagatellisiert Carolines Essverhalten.

Eine andere Art von Therapie wird nicht in Betracht gezogen. In diesem Fall sind mir die Hände gebunden, ihr die nötige Hilfe angedeihen zu lassen, und ich sehe mich gezwungen, das Jugendamt zu informieren, damit die Familie die Hilfe erhält, die sie benötigt.

9
Angstgeschichten V

Wenn Elternängste zu Kinderängsten werden

Johannes: „Ein Ritter will ich werden!"

Johannes kommt als einziges Kind einer relativ spätgebärenden Mutter (bei der Geburt war sie 38 Jahre alt) zur Welt. Es ist ein langersehntes Kind.

Die Mutter empfindet die Schwangerschaft von Anfang an als belastet. Sie habe davor eine Fehlgeburt gehabt, und ihre Angst, dieses Kind auch noch zu verlieren, habe sie die ganze Zeit der Schwangerschaft begleitet. Äußere Sorgen (die Arbeitslosigkeit ihres Mannes) seien hinzugekommen. Vorzeitige Wehen machen mehrfache Krankenhausaufenthalte nötig. Die Geburt erlebt die Mutter dann auch als hochdramatisch. Das Kind sei ihr gewaltsam herausgepresst worden, nachdem es im Geburtskanal steckengeblieben sei. Noch heute kommen ihr die Tränen, als sie davon erzählt. Am nächsten Tag sei das Kind blau gewesen und habe sechs Tage auf der Intensivstation verbringen müssen.

Johannes habe fünf Monate fast ununterbrochen geschrien. Durchschlafen würde er bis heute nicht. Die Mutter fühlt sich seit Jahren völlig erschöpft und ständig müde. Dazu begleitet sie und auch ihren Mann die Sorge „es könnte was zurückgeblieben sein". Damit meint sie einen wie immer gearteten Geburtsschaden.

Ihre Beziehung zu Johannes sei vor allem im ersten Jahr sehr schwierig gewesen, weil sie ständig Angst um ihn hatte und sie sich selbst als unzulänglich und überfordert erlebte. Das Kind nehme sie vollkommen in Anspruch, an eine Berufstätigkeit sei gar nicht zu denken. Johannes sei „schwer erziehbar".

Sie habe keinerlei Unterstützung durch Verwandte, beide Großeltern seien „dafür nicht geeignet", die Nachbarschaft feindselig.

Sie fürchtet, dass Johannes, der eingeschult werden soll, in der Schule nicht mitkommen könnte. Er sei oft müde und unkonzentriert, im vergangenen Jahr habe er eine „Totalblockade" gehabt, er habe überhaupt nichts mehr gewollt. Sie hält ihn für depressiv.

Die Mutter äußert große Zweifel, ob Johannes überhaupt mit mir spielen wird, weil ich so viele „grässliche Figuren" habe (Gespenster, Tod und Teufel, Hexe etc.), vor denen er sich sicher fürchten werde.

Als der sechsjährige Johannes in die erste Therapiestunde kommt, begegnet mir ein blasser, zarter Junge, der lange nicht spricht, sich dabei aber umso aufmerksamer im Therapieraum umschaut. Die Mutter wagt es kaum, ihn allein bei mir zu lassen, schließlich trennt sie sich aber doch. Nachdem ich ihm kurz die Vorgehensweise in „seiner Stunde" erläutert habe, versorgt er sich prompt mit allen grässlichen Gestalten, deren er nur habhaft werden kann, und einem König.

Seine Spiele lassen sich nicht so leicht erzählen. Vorherrschend ist ein wildes Schlachtgetümmel um den König und dessen Schätze, die er unter Knochen im Garten vergraben hat. Dabei bieten „die Bösen" auf, was sie nur können. Jede Menge Waffen, Zaubermittel, Untote, denen die Glieder nachwachsen, wenn man versucht sie unschädlich zu machen, Roboter und schreckliche Untiere. Der König hat nicht die geringste Chance. Es geht dabei wild und chaotisch zu. Immer kommen neue Gegner, einer schlimmer und stärker als der vorhergehende.

Johannes spielt mit großem Engagement die ganze Stunde, mich braucht er dabei eigentlich nicht. Danach wirkt er erschöpft. Die Mutter kann beim Abholen kaum ihr Entsetzen verbergen, als sie sieht, womit ihr Sohn gespielt hat. Er will unbedingt wiederkommen. „Geht es schon morgen?"

Die nächsten Therapiestunden verlaufen ähnlich. Meine Hilfestellungen oder Tipps, wie der König sich die Meute vom Hals schaffen könnte, ignoriert er vorläufig. Um ihm aus diesen Verstrickungen von Bedrohung und Angst heraushelfen zu können, bräuchten wir mehr Zeit. Da nur wenige Stunden vorgesehen sind, freue ich mich, als er für die letzten beiden Stunden den Wunsch äußert, einen Ritter modellieren zu wollen.

Er gelingt ihm gut, und wir konzentrieren uns vor allem darauf, ihm eine stabile Rüstung und ein großes Schwert zu machen. So habe ich zumindest das Gefühl, Johannes mit etwas Sicherheitspolster zu entlassen, damit er seinen Ängsten nicht völlig ausgeliefert ist.

Die Mutter hat ein gutes Gespür für die Empfindlichkeit ihres Sohnes und tut sicher recht daran, ihn nicht mit allen möglichen Dingen zu konfrontieren, die er noch nicht verkraften kann. (Woher Johannes all die Schreckgestalten kennt, bleibt ungelöst.) Damit sind vor allem äußere Eindrücke, wie sie in erster Linie durch einen hohen Medienkonsum vermittelt werden, gemeint, allerdings nicht Dinge, die ihn in seinem unmittelbaren Umfeld herausfordern.

Die Mutter versteht, wie sehr Johannes die Ängste der Eltern zu seinen eigenen gemacht hat und wie wichtig es ist, dass er viel Ermutigung erfährt bei allen möglichen alltäglichen Dingen, die er ab jetzt machen darf. (Es ist bewundernswert, wie tapfer die Mutter ihre eigenen Befindlichkeiten zurückstellt, weil sie erkannt hat, was für Johannes jetzt wichtig ist.) Der Vater verspricht „Männerwochenenden" mit Johannes inklusive Kanufahren und Klettern. Neben all den guten Taten rate ich, sich wieder mehr um ein soziales Umfeld zu kümmern, sowohl für die Eltern als auch für Johannes. Er braucht den Umgang mit Gleichaltrigen und ebenso das Erleben anderer Erwachsener, um andere Sichtweisen auf das Leben kennenzulernen.

Und für die Eltern ist es gut, ein bisschen Außenkorrektur und Entlastung durch den Umgang mit anderen Familien zu bekommen. Wenn man mit einem Kind allein ist, verschieben sich leicht die Perspektiven, oft weiß man dann gar nicht, was eigentlich für das Kind altersgemäß ist, was andere Kinder wann können und dürfen, und es fehlt einem der Spiegel, der das eigene Verhalten reflektiert. Da sind Freunde und Verwandte oft hilfreich, wenn ein gutes und offenes Verhältnis besteht.

Wenn Kinder nicht groß werden dürfen

Merlin, mein Süßer!

Merlin kam als Zwölfjähriger zu mir. Er kann abends nicht einschlafen und häufig nicht in die Schule gehen, weil er Angst hat zu sterben. Abends schnürt sich ihm die Kehle zu, und er bekommt keine Luft mehr. Zudem hat er große Angst, eines seiner Familienmitglieder könnte schwer erkranken, einen Unfall haben oder gar sterben. Er kriegt auch oft tagsüber nur schwer Luft, fühlt sich häufig wie gelähmt und ist dadurch antriebslos.

Wegen des Druckes im Hals ist Merlin schon von verschiedenen Ärzten untersucht worden. Von einer Überfunktion der Schilddrüse bis hin zu Asthma ist alles überprüft worden, alle denkbaren Untersuchungen wurden gemacht inklusive einer Magenspiegelung. Eine somatische Erkrankung kann ausgeschlossen werden.

Er hat Angst vor vielen Nahrungsmitteln, weil er fürchtet, sie könnten vergiftet sein. Er isst nur, was seine Mutter gekocht hat. Heimlich schaut er brutale Videos auf YouTube. Davon darf ich seiner Mutter kein Wort sagen. Er mag nicht mit auf Klassenfahrt gehen. Seine Mutter hält das auch für besser, weil er doch so zart sei. Wenn er „wegen Luftmangels" nicht zur Schule gehen könne, darf er immer zu Hause bleiben. Er bleibe überhaupt am liebsten daheim, gelegentlich darf ihn mal ein Freund besuchen. In dieser Zeit habe er keine „Anfälle".

Als die Mutter ihn zur Therapiestunde bringt, hängt sie ihm den Mantel auf und erinnert ihn daran, noch mal auf die Toilette zu gehen. Obwohl die Familie in mit dem Fahrrad erreichbarer Nähe wohnt, bringt die Mutter ihn jedes Mal mit dem Auto zur Therapie und begleitet ihn bis in den Therapieraum.

Bei der Anamnese erzählt die Mutter, sie habe ihren Bruder im Alter von fünf Jahren verloren. Danach hätten sich ihre Eltern kaum um sie gekümmert, sie habe immer das Gefühl gehabt, es wäre für die Eltern besser gewesen, sie sei anstelle von ihm gestorben. Ihr ist es deshalb ein großes Anliegen, dass ihr Sohn immer die ganze Zuwendung bekommt, die er braucht. Sie habe deshalb auch ihren Beruf aufgegeben, damit sie ganz für ihn da sein kann.

Er sei von allen Pflichten befreit und habe sich nur um seine Schulangelegenheiten zu kümmern. Dennoch setzt sie ihn nicht unter Druck, mit guten Noten nach Hause kommen zu müssen. Der Vater unterstützt die Mutter, ist aber selten zu Hause, weil er beruflich viel unterwegs ist. Wenn er da ist, gucken sie gerne zusammen Fußball. Mehr erfahre ich vom Vater nicht.

Die Mutter erzählt mir später, dass sie selbst lange Zeit wegen Angststörungen in psychotherapeutischer Behandlung war.

Auf meine Bitte, mir ein Familienbild zu malen (Familie in Tieren), malt Merlin mit zarten gestrichelten Linien zwei Hasen und ein Lämmchen.

Als ein gestricktes Lämmchen, das Merlin seit seiner Geburt beim Schlafen dabei hat, kaputtgeht, versucht die Mutter es zu ersetzen, ohne dass Merlin etwas davon erfährt, um ihm den Kummer zu ersparen.

Ich denke, es wird deutlich, dass hier ein junger Mensch, schon fast im Übergang zum Jugendalter, eher wie ein Fünfjähriger behandelt wird. Es drängt sich das von der Mutter gezeichnete Bild ihres fünfjährigen Bruders auf, vielleicht mit der Frage der großen Schwester, ob man den kleinen Bruder nicht besser hätte beschützen und somit vor dem Tode hätte bewahren können.

Durch viele behutsame Gespräche erkennt die Mutter die Zusammenhänge, aber für beide soll es noch ein langer Weg werden, bis die Mutter lernt langsam loszulassen und Merlin sich lösen können wird.

Mit zunehmender Eigenständigkeit und beginnender Rebellion verschwanden die Symptome.

Hier soll keine der Geschichten erzählt werden, die er spielte, weil ein anderes Vorgehen viel anschaulicher macht, was für den Jungen wichtig war:

Ein deutlicher Wendepunkt trat nämlich ein, als ich Merlin mit zu einem Waldabenteuer nahm. Bei dieser Gelegenheit übernachteten wir zusammen mit anderen Kindern ohne Zelt mitten im Wald. Der Sternenhimmel über uns am Abend nach dem Versteckspiel im Dunkeln, das Feuer, das wir entzündeten, um unser Essen zu kochen, und das freie und befreiende Spiel mit den anderen Kinder im Wald und am Bach ließen ihn seine Ängste vergessen, und er kam schmutzig, glücklich, stolz und gestärkt von diesem Wochenende nach Hause. Die Mutter schlief in dieser Nacht nicht, aber wesentlich war: Sie konnte mir vertrauen, dass für ihren Sohn dieses Abenteuer wichtig war. Wenn man selbst mit Ängsten zu kämpfen hat, ist es einfach manchmal hilfreich, einen Menschen zu suchen, der in ähnlicher Weise Hilfestellung geben kann, vorausgesetzt, man vertraut ihm.

10
Angstgeschichten VI

Wenn die Welt feindlich ist

Klara und der Hasenkönig

Klara ist ein neunjähriges, großes, kräftiges Mädchen, das sich bei der ersten Kontaktaufnahme hinter der Mutter versteckt und sie nicht gehen lassen will. Klara wird nur fünf Stunden (die sogenannten probatorischen Sitzungen) bei mir verbringen, das komplizierte Abschiedsritual mit Anklammerung an die Mutter wiederholt sich jedes Mal.

Das Mädchen sieht aus, wie aus einer früheren Zeit gefallen, es wirkt merkwürdig altmodisch (ebenso die Mutter), von Kopf bis Fuß in Häkelkleidern, die die Mutter selbst angefertigt hat.

Klara ist ein Adoptivkind. Die alleinstehende Adoptivmutter hat sie dreijährig aus einem rumänischen Waisenhaus geholt. Nach ihren Angaben sei Klara dort geschlagen und vernachlässigt worden. Weiter habe sie so gut wie keine Informationen über ihre Vorgeschichte. Die Adoptivmutter habe sehr darum gekämpft, dieses Kind bei sich aufnehmen zu können.

Davor habe sie (heute 53 Jahre alt) nach dem frühen Tod des Vaters immer nur mit ihrer Mutter (heute 75 Jahre alt) zusammengelebt. Und seit sechs Jahren befindet Klara nun in dieser Gemeinschaft.

Die ersten Jahre ihres Zusammenseins seien problemlos und harmonisch gewesen, „die drei Frauen" seien „eine verschworene Gemeinschaft", und Klara habe sich gleich sehr mit den beiden Frauen verbunden gefühlt. Allerdings sei das Leben mit ihr im letzten Jahr immer schwieriger geworden. Sie habe jeden dritten Tag „hysterische Anfälle", lache und weine gleichzeitig, schlüge auf ihre Mutter ein, um sich gleich darauf reuevoll in ihre Arme zu werfen. Sie sei danach schweißgebadet und völlig fertig. Außerdem nässe Klara noch ein und sei in der Schule sehr isoliert, Freunde habe sie keine. Für sie sei die Welt „draußen" ein gefährlicher, Angst machender Ort.

Auf meine Frage hin bestätigt die Mutter, dass sie ebenfalls ganz für ihre Familie, bestehend aus Großmutter, Mutter und Tochter lebe, Außenkontakte vermisse sie nicht.

Die Nachbarschaft wird als feindselig geschildert, auf Kontakte mit anderen Verwandten legt man keinen Wert, auch mit Arbeitskollegen pflegt Klaras Mutter keinen Kontakt. Die Mitschüler verhielten sich „komisch" Klara gegenüber, und die Lehrerin habe wenig Verständnis für deren besondere Situation (damit meinte die Mutter die Adoption).

Das Ausmaß dieser symbiotischen Gemeinschaft kommt vor allem dadurch zum Ausdruck, dass alle drei (Großmutter, Mutter und Tochter) im selben Zimmer schlafen, häufig wohl auch im selben Bett.

Das erste Bild, das Klara malt, zeigt ein Schloss. Nach ihren Angaben sei das ein Schloss in den Wolken für Klara ganz allein. Das Tor sei fest verschlossen und gut gesichert, es lasse sich mit einem Geheimcode öffnen, den nur Klara kenne. Wenn sie einen Besucher sehen wolle, könne sie eine Leiter herunterlassen.

Tatsächlich sieht man auf dem Bild eine uneinnehmbare Festung ohne Fenster, aber mit einem großen vergitterten Tor.

Hier kommt Klaras Thema schon deutlich zum Ausdruck: Was ihr nottut, ist, sich aus der Symbiose mit den beiden Frauen zu befreien.

In ihren Spielen wird aber auch deutlich, wie sehr die drei sich von der Außenwelt isoliert haben, die sie als gefährdend für ihre Gemeinschaft ansehen.

Hier ist ihre Geschichte:

> Es war einmal ein Hasenkönig, der hatte zwei Hauskatzen. Sie alle bewohnten gemeinsam ein Schloss. Aber um die hohe Schlossmauer herum war ein großer Teich. Dort hausten Krokodile. Außerdem gab es in der unmittelbaren Umgebung verschiedene andere gefährliche Tiere, Schlangen, Giftspinnen und sogar einen Drachen.
> Wenn sich die beiden Katzen gelegentlich aus dem Schloss heraus trauten, gerieten sie immer in Gefahr. Sie wurden von den Tieren überfallen und erst in letzter Minute vom Hasenkönig befreit. Der holte sie dann wieder ins Schloss zurück. Wenn er aber versuchte, die gefährlichen Tiere gefangen zu nehmen, rissen sie wieder aus.
> Aber auch auf den Hasenkönig ist nicht immer Verlass. Manchmal ist er einfach nicht zur Stelle, wenn er gebraucht würde, denn den bösen Tieren gelingt es immer wieder, die Katzen zu täuschen, indem sie in anderer Verkleidung auftauchen oder die Katzen belügen, und dann wissen sich diese nicht zu helfen.

Der Hasenkönig ist einerseits zu deuten als schwaches Ich (wer denkt beim Hasen nicht an das ängstliche Hasenherz), das letztendlich sein Territorium nur ungenügend verteidigen kann. Andererseits symbolisiert die Dreierkonstellation des Hasenkönigs und der zwei Katzen Großmutter, Mutter und Tochter.

Sie müssen die äußeren Feinde abwehren, können niemand hereinlassen, um ihre symbiotische Beziehung erhalten zu können (es kommt auch niemand zu Hilfe, vielleicht weil man die Stärke, die die drei aus ihrer gegenseitigen Abhängigkeit beziehen, symbolisiert durch die hohe Mauer, als unüberwindbar empfindet).

Das Bild, das Klara gemalt hat, gibt Hoffnung, dass sie für sich selbst zu sorgen beginnt. An ihren emotionalen Ausbrüchen wird ihre verzweifelte Suche nach Abgrenzung deutlich, gleichzeitig auch, welche Ängste die Loslösung von der Mutter hervorruft. Helfen kann hier nur die Mutter selbst, indem sie die Notwendigkeit einsieht, in Klara ein eigenständig denkendes und handelndes Wesen zu sehen und sie bei ihren Abgrenzungsversuchen und ihrer Identitätsfindung zu unterstützen.

Man muss sich allerdings verdeutlichen, wie sehr diese Mutter um ihr Kind gekämpft hat (sie hat zwei Jahre alles mobilisiert, um die Adoption zu ermöglichen), und wie schwer es ist, zu Kindern die für sie so notwendige Bindung aufzubauen, wenn sie erst in einem recht späten Adoptionsalter zu einem gekommen sind. Dann kann man auch ermessen, wie schwer es der Mutter fallen muss, nun schon wieder loslassen zu sollen.

Bei all dem, was man als elterliches Versagen deuten mag, möchte ich den Wunsch nach elterlicher Fürsorge, die hinter dem vielleicht bizarr anmutenden Verhalten steht, würdigen. Ich habe in meiner langjährigen Praxis nur wenige Eltern erlebt, die bei dem, was sie taten, nicht in erster Linie wollten, dass es ihrem Kind gutgehen und es seinen Platz in der Gesellschaft finden soll. Dass man nicht immer weiß, was nottut und was das Kind wirklich braucht, hängt von vielen Faktoren ab, nicht zuletzt von der eigenen Geschichte.

11
Kinder helfen sich selbst

Wenn wir jede Situation vermeiden, in der das Kind Angst haben könnte, kann das Kind keine eigenen Fähigkeiten entwickeln, mit der Angst umzugehen.

Tatsächlich ist es aber so, dass Kinder ein ungeheures Repertoire an Möglichkeiten haben, Mut zu üben und die Angst besiegen zu lernen.

Schauen wir uns beispielsweise eines der ersten Spiele des Kindes an, es ist nichts anderes als ein Einüben von Autonomie und Angstbewältigung:

Das Guck-Guck-Da-Spiel: Das gesunde Kind erforscht im ersten Lebensjahr damit das Problem des Verschwindens und Wiedererscheinens. Glaubt es anfangs noch beim Verschwinden der Mutter, diese sei auf immer weg, so gibt ihm die eigene Erprobung des Verschwindenlassens und Wiederauftauchens Sicherheit. Dadurch schafft es Bedingungen, die es kontrollieren kann, und dies hilft ihm, seine Angst in Verbindung mit diesem Problem zu besiegen. Die Art, wie Kinder ihren eigenen Radius erweitern – immer ein Stückchen weiter von der Mutter weg –, zeigt eindrucksvoll, dass Kinder von sich aus schon gut wissen, was sie sich selbst zutrauen können und was nicht (sofern man sie lässt und nicht das Erproben verhindert).

Ob es das Versteckspiel ist, das Ritterspiel oder die Bandenbildung – in jedem Lebensalter sucht das Kind von sich aus Möglichkeiten, seine Probleme auf symbolischer Ebene zu meistern.

Die Magie der Dinge: das Schmusetuch

Eines der ersten Hilfsmittel, um gegen die Angst anzugehen, (er-)findet das Kind manchmal schon in den ersten Wochen seines Lebens (s. Abb. 11.1).

Erinnern Sie sich noch an den zwölfjährigen Merlin und sein Lämmchen?

Wozu diente Merlin das Lämmchen?

Das erste Spielzeug des Kindes wird in der Psychoanalyse nach Donald Winnicott „Übergangsobjekt" genannt. Das kann sowohl ein Bettzipfel sein als auch der erste Teddy oder ein Schmusetuch. Oder eben ein Lämmchen. Das Übergangsobjekt ist ein Symbol für die mütterliche Anwesenheit. Es zeigt das Bedürfnis des Kindes nach dem Kontakt mit der Mutter. Ein Übergangsobjekt muss weich sein, sich warm anfühlen und von Körpergeruch durchdrungen sein. Es wird meist nahe ans Gesicht gedrückt und der Geruch eingesogen. Damit stillt es das Bedürfnis des Kindes nach der Nähe zur Mutter und ermöglicht gleichzeitig die allmähliche Loslösung von ihr.

Der Säugling hat noch keine Objektrepräsentanz (s. Einschub: Repräsentanzen), hat sich noch keine Vorstellung von der Mutter gebildet, daher entstehen bei ihrer Abwe-

Abb. 11.1 Das Übergangsobjekt, genannt Goigoi (Archiv Pohl)

senheit Ängste. Übergangsobjekte dienen also dazu, diese ängstigende Situation zu überbrücken.

Mit zwei Jahren hat das Kind eine stabile Objektkonstanz gebildet und erträgt jetzt gut die Abwesenheit der Mutter. Dennoch bleibt das Übergangsobjekt häufig noch zur Sicherheit, oft bis ins Kindergartenalter hinein, ein wichtiger Begleiter des Kindes, besonders dann, wenn es Stresssituationen ausgesetzt ist.

Bei Trennungssituationen wird auch im späteren Alter oftmals noch ein Kuscheltier als symbolische Repräsentanz der Mutter oder des Vaters gebraucht.

Im Verlauf seiner Entwicklung findet das gesunde Kind noch weitere Hilfsmittel, wenn Vater oder Mutter nicht zur Verfügung stehen.

Der unsichtbare Freund

Sehr häufig haben Kinder ein Kuscheltier oder ein Püppchen, zu dem die Beziehung sehr innig ist. Sie sprechen mit ihm, vertrauen ihm den geheimsten Kummer an, und es ist ein treuer Begleiter in schwierigen Lebenslagen.

Manchmal sind diese Begleiter auch für alle anderen Menschen um das Kind herum unsichtbar. Viele Eltern kennen das: Der unsichtbare Mitbewohner braucht einen eigenen Teller und einen Platz am Esstisch, beim Verteilen der Schokolade muss er mitbedacht werden, wenn etwas kaputt gegangen ist, ist er schuld. Er ist stark, mutig, neunmalklug, hat manchmal übersinnliche Fähigkeiten und ist in unverbrüchlicher Treue dem Kind verbunden. Er ist Spielgefährte, Tröster, Vertrauter, Mutmacher und der, der immer den Mist baut, über den die Eltern sich so aufregen.

Mit ihm ist man nie allein, er hilft über manche schwierige Situation hinweg und ist bei einem, wenn man sich fürchtet. Der ideale Begleiter also.

Bei vielen Kindern taucht ein solcher Weggenosse für einige Zeit auf. Das ist kein Grund für Eltern sich Sorgen zu machen. Grundsätzlich kann man sich als Eltern natürlich fragen, was dieser unsichtbare Gefährte wohl symbolisiert, um das Kind besser zu verstehen. Auf jeden Fall ist sein Erscheinen kein Hinweis darauf, dass mit dem Kind etwas nicht stimmt, sondern eher dass das Kind imstande ist, sich durch seine Fantasie und Symbolisierungsfähigkeit Hilfen zu schaffen, um schwierige seelische Situationen besser meistern zu können.

Schwerter, Muskelmänner und Dinosaurier

Wie wichtig sind in einem bestimmten Alter (meist um das fünfte Lebensjahr) Pistolen, Schwerter, Messer und all die martialischen Dinge, vor denen es Eltern so sehr graut, weil sie verständlicherweise Tod und Vernichtung, Gewalt und Aggression dahinter sehen! Aber gerade für Jungen sind diese Dinge von einer unwiderstehlichen Anziehungskraft. Selbst der sanftmütigste Junge bastelt sich irgendwann heimlich eine Pistole, und sei es auch nur um sie mit ins Bett zu nehmen, falls nachts ein Räuber kommt.

Da wir diese Dinge nicht vermeiden können (und sollten!), täten wir gut daran, sie als das zu sehen, was sie sind: Symbole der Macht und der Stärke.

In einem Alter, in dem sich Kinder so oft unterlegen fühlen – den Erwachsenen, den älteren Geschwistern, größeren und stärkeren Freunden und „Feinden" – und in dem sie vielfältigen Ängsten ausgeliefert sind, sind „Waffen" hilfreiche Attribute, um sich geschützt zu fühlen, um die Omnipotenz zu fantasieren. Gerade die kleinen Jungen, die schon so früh „cool" sein müssen, stark und mutig sein sollen, sind doch meist so zart und empfindlich! Lassen wir uns nicht von dem Getöse, das sie oft veranstalten, irritieren: In Wirklichkeit sind sie besonders schutzbedürftig und ängstlich, insbesondere was die vorgestellten Ängste betrifft. Eltern von Jungen können ein Lied davon singen. Oder haben Sie nicht die Erfahrung gemacht, dass meist die rüpelhaften und großspurigen Jedi-Ritter, die brüllend das Laserschwert schwingen (oder noch besser: Darth Vader selbst) es sind, die nachts am elterlichen Bett stehen, weil sie „so schlecht geträumt haben"?

Das Gleiche gilt für die ganzen schreckenerregenden Figuren, mit denen sie sich so gerne umgeben: Identifikationsfiguren, stark, allmächtig, unbesiegbar. Ob Drache oder Dinosaurier, der kühne Königsohn oder Hi-man, auch wenn uns Erwachsenen das äußere Erscheinungsbild der modernen Helden nicht passt, so sind sie doch alle mehr oder weniger vom gleichen Kaliber. Sie sind stark, ihren Feinden überlegen und unantastbar. Dass deshalb trotzdem nicht alle Figuren und die dahinterliegenden Geschichten unproblematisch sind, habe ich an anderer Stelle erläutert (s. Pohl 2014).

Je weniger die Kinder Gelegenheit erhalten, sich draußen echten Gefahren auszusetzen beim Klettern, Mountainbike-Fahren, in wilden Geländen und beim Kampf mit der

Bande aus der Nachbarschaft, desto dringlicher verlangen sie nach diesen Dingen, denn desto unsicherer sind sie sich darüber, worauf ihre eigene Stärke beruhen könnte.

Denn eigentlich brauchen sie ja Mutproben, Geheimnisse und Banden.

Mutproben, Geheimnisse und Banden

Vielleicht ist es das, was heutigen Kindern am meisten fehlt in einer Kindheit, die wohl zu Recht „Indoor-Kindheit" genannt wird: auf hohe Bäume klettern, Gräben überspringen, durch tiefes Wasser schwimmen, auf vereisten Teichen schlittern, auf Mauern balancieren, heimlich Feuerchen machen.

> Kinder suchen Grenzen, sie suchen das Risiko. Wie sonst sollten sie feststellen oder erproben können, was ihnen möglich ist und was nicht.

Gefahren sind dazu da einschätzen zu lernen, wie groß der Wagemut sein muss und wie hoch das Risiko, bei einem Unternehmen zu scheitern. Da ist der Bach, den es zu überwinden gilt, nur ein Übungsfeld für die späteren Herausforderungen, die das ganze Leben in unterschiedlichen Kontexten so bietet. Haben wir niemals ein Risiko auf uns genommen, weil wir immer auf Nummer sicher gegangen sind, jede Gefahr vermieden, nie etwas aufs Spiel gesetzt, werden wir wenig Vertrauen zu uns selbst entwickelt, gewiss aber keine Risikokompetenz erlangt haben. Kleinkrämerische, enge, ängstliche Menschen fallen mir da ein, die vielleicht ein wenig risikobehaftetes Leben führen, aber auch ein eher freud- und farbloses.

Wir glauben, dass das Verletzungsrisiko bei Kindern höher ist, wenn sie unbeaufsichtigt an ungesicherten Plätzen spielen. Inzwischen weiß man aber, dass auf besonders gesicherten Spielplätzen die Unfallgefahr eher zunimmt, weil die Kinder dort höhere Risiken eingehen. Und Kinder, die selten die Gelegenheit haben, sich selbst zu erproben, neigen viel eher dazu, sich zu verletzen, weil sie nicht gelernt haben, ihrem Körper zu vertrauen. Und was sind schon ein paar Schrammen gegen das Hochgefühl, etwas wirklich Schwieriges gemeistert zu haben!

Der Körper bildet die Grundlage, auf der sich das Seelenleben und das geistige Leben gesund entwickeln können. Kinder sind vor allem in den ersten Jahren in dauernder Bewegung. Ständig sind sie bestrebt, sich, ihren Körper und dessen Möglichkeiten zu erkunden. Handelnd erschließt sich dem Kind die Welt. Und Zutrauen zu sich und der Welt gewinnt das Kind vor allem dadurch, dass es Zutrauen zum eigenen Körper und seinen Möglichkeiten hat. Ein Kind, das häufig erlebt, dass es Dinge selbstständig meistern kann, ist nicht so leicht durch äußere Ereignisse aus dem Gleichgewicht zu bringen, sondern kann dem Leben mutvoll begegnen. Das Leben ist nie ohne Risiko, stellen wir uns dem, können wir daran wachsen.

Bei diesen gewagten Unternehmungen sind andere Kinder unbedingt wichtig. Sie machen sich gegenseitig Mut, fordern sich heraus, unterstützen sich, helfen sich gegenseitig aus misslichen Lagen. Besonders dann, wenn die Kinder wirklich unter sich sind.

Denn Geheimnisse gehören dazu. Geheimnisse, die man nicht mit Erwachsenen teilen will, aber unbedingt mit Freunden. Ist es nicht der deutlichste Freundschaftsbeweis, wenn einem ein Geheimnis anvertraut wird oder man ein Geheimnis miteinander teilt, weil man etwas tut oder getan hat, was der Erwachsene nicht billigen könnte, was er einem nicht erlauben würde oder was einfach so schön ist, dass man es nur dem besten Freund anvertrauen will?

> Was hilft einem Kind oft am ehesten, seine Ängste zu überwinden? Ein guter Freund, dem man vertraut, der einen an die Hand nimmt, der einem Mut macht und nicht lacht, wenn man es trotzdem nicht schafft.

Ich weiß nicht, ob es empirisch abgesichert ist, aber ich habe den Eindruck, dass es heute für Kinder schwieriger geworden ist, echte Freundschaften zu schließen. Vielleicht weil der Konkurrenzdruck auf fast allen Gebieten, mit denen es Kinder zu tun haben, so hoch ist oder weil ihnen einfach die Gelegenheiten dafür fehlen? Zu oft werden sie von einem Ereignis zum nächsten gefahren. Die Muße, mit einem Freund lange Nachmittage mit Spielen oder Nichtstun zu verbringen, haben Kinder heute häufig nicht mehr. Gerade für die größeren Kinder ab neun Jahren ist die Freundschaft für ihre seelische Entwicklung aber eminent wichtig.

„Der Mensch wird am Du zum Ich." (Martin Buber)

Freundschaften entstehen unabhängig von Herkunft, sozialen Gegebenheiten und Intellekt. Sie sind getragen vom

Miteinander, der Akzeptanz, der Vertrautheit, des Füreinander-da-seins. Sie sind gekennzeichnet durch das Freisein von Angst vor dem Anderen und dessen Urteil. Man vertraut sich vorbehaltlos. Die Freundschaft bildet die erste tiefe menschliche Erfahrung außerhalb der Familie. Die Begegnung wird getragen von der gemeinsamen Suche nach der eigenen Identität.

Die Freundschaft zu einem einzelnen Menschen hat einen ganz anderen Stellenwert als die innerhalb einer Gruppe.

Die Gruppe oder Bande ist im Alter ab zwölf Jahren meist auf das eigene Geschlecht bezogen. Die Gruppendynamik hat eine wichtige Funktion. Es kristallisieren sich Rollen heraus: Führer oder Verführer, Mitläufer. Die Distanz von der Herkunftsfamilie ist wichtig. Eigene Gruppengesetzmäßigkeiten bilden sich heraus, ebenso wie Gruppenrituale und eigene Normen. Die Gruppe wird zur Bande durch Solidarität bis hin zur Verschworenheit. Harte Strafen für Illoyalität werden angesetzt. Macht wird ausgekostet und erlitten. Angst und ihre Überwindung spielen eine große Rolle.

Die Frage: Gehöre ich dazu? ist entscheidend für den Selbstwert. Für das Zusammengehörigkeitsgefühl und den Schutz, den die Gruppe gewährt, sind Kinder oft bereit, Dinge zu tun, für die sie sich schämen oder die sie insgeheim verurteilen. Nur sehr starke Kinder sind in der Lage, sich vom Gruppendruck zu befreien und nach eigenen Moralvorstellungen zu handeln. Eine Zeitlang ist die Gruppe ein Ersatz-Ich, solange das Ich des Jugendlichen noch instabil ist. Daher sind unsichere und ängstliche Kinder und Jugendliche besonders empfänglich für starke Gruppen, selbst oder gerade dann, wenn sie am Rande der Legalität entlangschlittern. Diese Kinder sind natürlich auch am empfänglichsten für starke Führer.

Umso wichtiger ist es für den Erwachsenen, dem Kind rechtzeitig bei der Auswahl Alternativen anzubieten. Für seine seelische Entwicklung sind gerade dann Vorbilder wesentlich, die aus dem nichtfamiliären Umfeld stammen, seien es Chorleiter, Pfadfinderführer, Trainer oder Freizeitpädagogen. Für die Entwicklung zum mutigen, selbstständigen Erwachsenen ist die Erfahrung von stabilen Beziehungen, Verlässlichkeit und Hilfsbereitschaft unerlässlich.

Der sichere Ort

Jedes Kind braucht Raum und Zeit ganz für sich. Vor allem ab neun Jahren suchen sich Kinder Orte, die ihnen Gelegenheit für Rückzug und Zuflucht gewähren. Meist sind das Orte in der Natur: ein Baum, ein Gebüsch, ein Eck in einem verlassenen Grundstück. Es kann auch ein alter Schuppen sein oder ein Plätzchen auf dem Speicher. Es sind geheimnisumwitterte Orte, Orte zum Ganz-bei-sich-sein. Hier kann man glücklich oder traurig sein, ohne jemand Rechenschaft ablegen zu müssen. Hier ist Raum für Fantasiegeschichten, in denen man mutig und tapfer ist und vor nichts und niemand Angst hat. Sie eignen sich zum Tagträumen und vor allem oft auch, um in einen ganz persönlichen Kontakt mit der Natur zu kommen. Diese Orte haben für Kinder häufig einen Schimmer von Heiligkeit und sollten vom Erwachsenen tunlichst unbehelligt gelassen werden. In diesem Freiraum für die Seele schöpfen die sich so oft unverstanden fühlenden Kinder Kraft und können ruhig werden. Hier empfinden sie das Gefühl von Abgetrenntheit von der Welt, das sich unweigerlich in diesem Alter einstellt, für eine Weile nicht mehr als so bedrohlich.

Manchmal ist es ein Platz, der einfach so, wie er ist, schön ist – in den Augen des Kindes. Manchmal wird er auch von ihm gestaltet, gemütlich gemacht, oder er wird zu einem Ort, an dem all die kleinen und großen Geheimnisse aufbewahrt werden.

Welcher Segen, wenn Kinder heute noch solche Orte ihr eigen nennen können! Wie häufig werden solche Rückzugsmöglichkeiten zunichte gemacht, weil der Garten mit seinem englischen Rasen, seinen Koniferen und Rosenbüschen das nicht mehr hergibt, ebenso wenig wie all die aufgeräumten Parks, bei denen man die Wege nicht verlassen darf. Brachflächen in der Stadt werden mit Verbotsschildern versehen, und gemütliche Speicher gibt es, seit wir uns allzu schnell von scheinbar unbrauchbaren Sachen trennen und es Sperrmüll gibt, auch nicht mehr.

Häufig erzählen mir Kinder von den Großeltern, bei denen es solche geheimen Orte noch eher zu geben scheint. Aber wie lange noch? Es wäre gut, wenn wenigstens die Menschen, die mit Kindern zu tun haben, den Nützlichkeitsaspekt von pflegeleichten Wohnungen und Gärten zugunsten der Kinder gelegentlich beiseite stellen und Gemeinden brachliegende Flächen in die Hand der Kinder geben würden.

Denn dann hätten die Kinder auch endlich wieder Gelegenheit etwas zu tun, das sie unabdingbar brauchen für ihre gesunde Entwicklung, und zwar vor allem draußen: das freie Spiel.

Das freie Spiel

„Was wirklich zählt, ist das gelebte Leben." (Kast 2014)

Der Begriff „freies Spiel" steht – wie Sie schon bemerkt haben werden – über jedem Spiel, das hier aufgeführt wird. Es handelt sich immer um ein Spiel, das vom Kind selbst initiiert, inszeniert und umgesetzt wurde. Demgegenüber gibt es Spiele mit vorgegebenen Regeln und Handlungsanweisungen oder die vom Erwachsenen bestimmt wurden. Im Englischen wird die Unterscheidung getroffen in der Unterteilung von *play* und *game*. *Play* ist dann das, was wir unter freiem Spiel verstehen. *Game* ist das Spiel nach vorgegebenen Regeln.

Kinder brauchen möglichst viele Gelegenheiten, um sich als Verursacher von Veränderungen in der dinglichen Umwelt erleben zu können. Das entwickelt ihr Bewusstsein dafür, nicht hilflos ausgeliefert zu sein, sondern die Welt aktiv mit- und umgestalten zu können. Sie brauchen das freie Spiel, um Erfahrungen mit sich und mit der sie umgebenden Umwelt zu machen. Sie brauchen es, um Erlebnisse verarbeiten und gemachte Erfahrungen verankern zu können (Abb. 11.2).

Kinder ziehen immer noch – auch und gerade in ihrer verhäuslichten Kindheit – das Spiel draußen mit Freunden allen anderen Aktivitäten vor. Leider wird ihnen dazu immer weniger Gelegenheit gegeben. Viele Ängste halten die Eltern davon ab, den Kindern das freie Spiel ohne Aufsicht eines Erwachsenen zu erlauben. Die physische Unversehrtheit scheint oberste Priorität zu haben. Welche seelischen Schäden Kinder nehmen, weil sie aus Langeweile die schlimmsten Dinge im Internet suchen, scheint dagegen zweitrangig. Eine seelische Verletzung springt ja auch nicht so ins Auge wie eine Schürfwunde. Hinzu kommt die verplante Zeit der Kinder, die das intensive Spiel mit anderen sehr oft unmöglich macht. Die Hausaufgaben, der Sportverein, verschiedene andere Freizeitaktivitäten unter Anleitung Erwachsener füllen ihre Tage aus.

Wie viele sogenannte Verhaltensauffälligkeiten würden verschwinden, wenn man den Kindern den ihnen zustehenden Freiraum gewähren würde! (Ausführlich habe ich mich diesem Thema gewidmet in: Pohl (2014)).

Abb. 11.2 Ganz bei sich, versunken im Spiel (Archiv Pohl)

Literatur

Kast V (2014) Was wirklich zählt, ist das gelebte Leben. Herder, Freiburg
Pohl G (2014) Kindheit-aufs Spiel gesetzt. Springer, Heidelberg

12
Die Natur als Therapeutikum

Kinder brauchen die Natur, um in Kontakt mit sich selbst zu kommen. Wenn Sie ein Kind in der Natur erleben, spüren sie genau das: Das Kind ist bei sich angekommen, ist in eine Tätigkeit vertieft oder in eine Beobachtung versunken, ist konzentriert, ruft nicht nach Hilfe oder Anleitung, tobt nicht, macht nicht das Äffchen, sondern schaut, probiert, konstruiert – es spielt (s. Abb. 11.2). Keine Konkurrenz entsteht unter den Kindern, kein Gezanke und Geplärre. Bloß ein Bach, ein bisschen Matsch und ausreichend Zeit ist nötig. Das Kind erprobt in kleinen Schritten, was es sich zutrauen kann: ins tiefe, kalte Wasser gehen, barfuß, ohne zu wissen, worauf man tritt. Über den Bach springen, auf dem Stamm darüber balancieren, vom Felsen ins Wasser springen, den Molch in die Hand nehmen oder den Krebs. Auf Felsen klettern oder auf Bäumen. Baumhäuser bauen, Unterstände oder Höhlen. Aber nur, wenn da nicht wieder ein Pädagoge dabei steht, der wohlmeinende Ratschläge gibt, auf Naturphänomene hinweist und auf Gefahren aufmerksam macht. Wie schön, wenn Kinder das dürfen ohne den Wildnispädagogen, den Erlebnispädagogen, den Förster oder den Botaniker. Dies mag alles seine Berechtigung haben. Zu seiner Zeit.

> Das Wesentliche aber ist, dass ein Kind ohne das Nützlichkeitsdenken des Erwachsenen ganz eigene Erfahrungen mit der Natur machen kann – und damit auch mit sich selbst.

Heute wird so viel von Authentizität gesprochen: Hier findet das Kind sie in ihrer Reinform: Die Natur will nichts, fordert nichts, präsentiert sich nicht, ist nicht ehrgeizig, schmeichelt nicht, konkurriert nicht und stört nicht.

Aber sie macht das Kind zum Schöpfer, sie lässt es erleben: Ich bin lebendig wie du. Hier werde ich getröstet und nicht bewertet, hier kann ich nicht versagen. Ich kann mich als Teil des Ganzen empfinden, hier bin ich willkommen, hier kann ich lieben.

Hier kann ich selbst ausprobieren, was ich mir zutraue. Kinder brauchen die Freiheit und Ungebundenheit, die sie zuallererst in der Natur erleben können. Fehlt diese Freiheit, droht seelische Verkümmerung. Wie viele Kinder habe ich erlebt, blass und durchscheinend, ungeschickt, traurig, ängstlich und gelangweilt, nicht im Stande, sich für irgendetwas zu begeistern, die kaum etwas anderes kennen als die eigenen vier Wände und ihren Computer!

In der Natur entwickelt das Kind ein Gefühl für Orte und damit Verbundenheit. Orte, geheime, selbstgewählte, unverordnete, geben den Kindern Wurzeln. Die Unendlichkeit von Sommertagen draußen verbracht, gehört zu den schönsten, glücklichsten und prägendsten Eindrücken von Kindheit. Dazu muss man nicht unbedingt im Schwarzwald Ferien machen, für viele wesentliche Erlebnisse reichen ein uneinsehbares Stück Brachgelände oder ein nahgelegener Bach durchaus, sofern er nicht in Betonwände eingezwängt wurde, zum Naturschutzgebiet oder zur Parkanlage gemacht wurde.

Im besten Fall.

Ja, es gibt Kinder, die in der Natur hilflos dastehen und nicht wissen, was tun. Kinder, die sich noch nicht einmal in den Wald hineintrauen, die sich vor Schnecken fürchten und vor Wölfen. Kinder, die Matsch eklig finden und lieber wieder daheim am Computer säßen. Die die Natur langweilig oder gefährlich finden. Oder beides zugleich. Das sind Kinder, die sich so weit von ihrem Ursprung entfernt haben, dass sie den Kontakt zur Natur verloren zu haben scheinen. Dafür sind die Erwachsenen verantwortlich. Erwachsene, die den Kindern den Zugang zur Natur verwehrt oder nicht ermöglicht haben. (Kürzlich war ein Zehnjähriger bei mir, der in seinem ganzen Leben noch nie im Wald war. Er kennt nur Vergnügungsparks und Einkaufszentren als „draußen sein".)

Vermutlich weil sich diese Erwachsenen selbst schon viel zu lange in virtuellen Welten aufhalten oder einfach Stubenhocker sind. Erwachsene, die – wenn sie schon einmal draußen sind – mit Ohrenstöpseln durch die Gegend joggen, blind und taub für das, was sie umgibt.

Dann braucht es vielleicht doch den Wildnispädagogen oder zumindest einen Menschen, der mit dem Kind die Wunder teilen will, die man mit ihm so schnell wahrnimmt, wenn es erst einmal draußen ist. Und der sich hoffentlich nicht aufdrängt, sondern dem Kind die Natur überlässt oder der Natur das Kind. Damit es all die Erfahrungen machen kann, die ihm dieses Zugehörigkeitsgefühl zur Welt vermittelt, damit es sich dort aufgehoben fühlen darf, angenommen und kompetent.

Die Natur birgt so viele Möglichkeiten, sich selbst auszuprobieren, sich echten oder vermeintlichen Gefahren auszusetzen: die Dunkelheit am Abend aushalten mit all den Nachtgeräuschen, die man am Tag nicht wahrnehmen kann, den Felsen erklettern, den Salamander in die Hand nehmen, den Teich durchschwimmen, obwohl man den Grund nicht sehen kann, ein Feuer anzünden, das Alleinsein aushalten. Das Resultat aus diesen Erlebnissen ist mindestens ein Gewinn an Selbstvertrauen.

13
Eltern helfen ihren Kindern

> *„Wo ich vertraue, handle ich besser, wo mir vertraut wird, fühle ich mich gebunden und bekomme Kräfte über mein Maß."*
>
> Nohl 2004, S. 29

Kinder haben ein Recht auf Angst, Trauer und Schmerz. In unseren Bemühungen, Kinder vor schmerzlichen Gemütsbewegungen zu schützen, berauben wir sie vielleicht ihres besten Mittels, schmerzliche Erlebnisse zu überwinden. Trauer sogar über einen toten Vogel ist ein notwendiges Mittel, um mit einem Verlust fertigzuwerden. Wie oft wird versucht, einem Kind die Angst zu nehmen, indem man sie ihm ausredet oder versüßt: („Du brauchst keine Angst zu haben, die Spritze beim Zahnarzt tut gar nicht weh und nachher bekommst du auch ein Bilderbuch!") Jedes Mal, wenn die Angst im Bewusstsein hätte auftauchen können, wird ein angenehmer Gedanke an die Stelle des gefürchteten Ereignisses oder der Gefahr gesetzt. Das Ergebnis ist, dass das Kind seinen eigenen Gefühlen zu misstrauen beginnt. (Das wurde im Abschn. *„Es hat ja nur ein kleines Auachen!"* deutlich.)

Das Kind findet nur Zutrauen zu sich selbst, wenn es Angst überwinden lernt. Was es sich im Moment noch nicht zutraut, kann zu dem Mut anspornen, selbstständig etwas zu bewältigen. Wenn es dann bestanden ist, ist das Ich stabiler geworden. In dem Maße, in dem man sich Angst machenden Situationen stellt, erweitert sich der Ich-Umfang. Das kleine Kind braucht hierzu Hilfe. Nicht, indem man ihm Schwierigkeiten erspart, es braucht nicht Schonung, sondern Zutrauen, damit es zu sich selbst Vertrauen fassen kann. Solange das Kind klein ist, braucht es dazu die physische Nähe des Erwachsenen. Dabei sollte der Erwachsene nicht ständig an den Mut des Kindes appellieren oder seine Selbstständigkeit forcieren.

> Das Kind muss erleben, dass die Eltern seine Ängste ernst nehmen, dass sie ihm aber auch zutrauen, eine schwierige Situation zu meistern.

Wenn dagegen immer die um sein Wohlergehen besorgten Eltern ängstlich hinter dem Kind stehen, wenn es eine Schwierigkeit zu meistern gilt, wird es deren Ängste übernehmen. Wenn diese Kinder dann einmal ohne Aufsicht etwas wagen, sind sie meist gefährdeter als andere, weil sie nicht genügend gelernt haben, die eigenen Fähigkeiten einzuschätzen.

Ein selbstbewusstes Kind kommt mit den entwicklungsgemäßen Ängsten zurecht und nimmt sie letztlich als Ansporn. Es entwickelt Selbstsicherheit, wenn es sich mit diesen Ängsten dosiert auseinandersetzen darf. Ist ein Kind dagegen durch Angst gelähmt, die Dinge zu tun, die es eigentlich tun möchte, oder traumatisiert und deshalb ängstlich, braucht es Hilfe.

Was ein Kind von seinen Eltern braucht, um gesund aufwachsen zu können, ist *im besten Falle* eine gute Bindung an mindestens einen Erwachsenen, ein Gefühl von Kohärenz und Resilienz (s. Einschub), Möglichkeiten, sich und den eigenen Körper zu erproben, seine Sinne zu entwickeln. Es braucht seelische Wärme, die ihm eine Hülle gibt, Ermutigung und Zuversicht, es braucht ein fröhliches Elternhaus, einen Tagesablauf mit Rhythmus und Ritualen, es braucht jemand, der für seine existenziellen Fragen (wo komme ich her und wo gehe ich hin?) offen ist, und es muss mit Respekt behandelt werden. Einige dieser Grundlagen wurden bereits aufgeführt, auf ihr Vorhandensein oder ihren Mangel weisen die weiteren Geschichten hin, die mir die Kinder anvertraut haben.

Die Geschichten, die hier erzählt werden, zeigen häuslichen Situationen auf, in denen die nötige Hilfen, die im theoretischen Teil dieses Abschnittes aufgezeigt werden, bis zu diesem Zeitpunkt *nicht* gewährt werden konnten.

Einschub: Kohärenz und Resilienz

Resilienz beschreibt die Fähigkeit, kompetent mit den Anforderungen des Lebens umzugehen, eigenverantwortlich handeln zu können, Lösungsstrategien zu entwickeln, sich Hilfe holen zu können, wenn man es nicht allein schaffen kann, die eigenen Stärken zu erkennen und zu nutzen. Es bedeutet, sich realistische Ziele setzen zu können. Und es bedeutet, Empathie empfinden zu können und Respekt dem anderen gegenüber zu haben.

> Kohärenz beschreibt das grundsätzliche Lebensgefühl, dass das Leben es gut mit einem meint, dass es einen Sinn hat. Das Kind muss in körperlicher und seelischer Hinsicht auf einem sicheren Boden stehen, und zwar durch tiefe und nachhaltige liebevolle Bindungserfahrung, durch Menschen, die ihm vorleben, dass man die Ereignisse, die auf einen zukommen, bewältigen kann, die positiv und tatkräftig auf das Leben zugehen; Menschen, die Fehler machen können, aber bereit sind lebenslang dazuzulernen. Kinder müssen die Erfahrung gemacht haben, dass sie auf die eigene Kraft bauen können, weil sie viele eigene kleinere und größere Hürden schon genommen haben. Sie müssen Vertrauen in den eigenen Körper entwickelt haben und ebenso in ihre Mitmenschen. Mangelnde Erfahrungen auf der einen Seite und Misstrauen auf der anderen schwächen das gesunde Lebensgefühl des Kindes. Damit sie hoffnungs- und vertrauensvoll ins Leben gehen können, brauchen Kinder Eltern, die die Stärken ihrer Kinder sehen können und die ihnen Unterstützung bei Herausforderungen gewähren, und zwar nicht, indem sie ihnen Dinge abnehmen, sondern indem sie den Kindern Handlungsfähigkeit zutrauen.

Respekt

Susanne: „Ich spiel' euer Spiel nicht mehr mit!"

Susanne wird neunjährig von sehr verzweifelten Eltern vorgestellt. Sie hat sechs Monate zuvor einen extremen Waschzwang entwickelt. Mindestens drei Mal täglich wäscht sie sich von Kopf bis Fuß, am Abend kann das bis zu drei Stunden dauern. Dabei muss ein genaues Ritual eingehalten werden. Eine Kleinigkeit bringt sie dann schon aus dem Konzept, sie gerät völlig außer sich, wirft mit Sachen um sich und schreit sich selbst im Spiegel an. Die Mutter ist mit dieser schwierigen Situation am häufigsten konfrontiert, weil der Vater abends selten zu Hause ist. Weil sie mit Beruf und Haushalt überlastet ist, fühlt sie sich von Susannes Verhalten meist überfordert, und so endet der Abend häufig damit, dass sich Mutter und Tochter anschreien, Susanne abends ein bis zwei Stunden weint und lange nicht einschlafen kann. Die ganze Familie ist extrem belastet. (Susanne hat noch einen jüngeren Bruder, für den kaum Zeit bleibt.)

Der Zwang kann dadurch definiert werden, dass man wider besseres Wissen etwas tun *muss*. Wird dem nicht stattgegeben, entstehen panikartige Zustände. „Wenn ich dem Zwang nicht nachgebe, geschieht etwas ganz Schreckliches!" Die Angst vor dem Schrecklichen wird also durch die Zwangshandlung gebannt. Die Zwangsstörung ist somit eindeutig eine Angststörung.

Susannes Erkrankung bricht in eine von außen betrachtet heile Welt ein. Die Eltern sind beide beruflich sehr erfolgreich, wohlhabend, mit gepflegtem Haus und Garten, sportlich aktiv und haben einen großen Freundeskreis. Die Kinder werden immer mit allem versorgt, was für eine förderliche Entwicklung nötig scheint, bekommen jegliche Unterstützung (Nachhilfe), um in der Schule gut mitzukommen, die Schullaufbahn (Gymnasium) scheint vorherbestimmt.

Allerdings bleibt wenig Zeit, sich mit den Kindern zu befassen. Wenn die Mutter nach Hause kommt, gibt es jede Menge Arbeit in Haus und Garten, auch die Vorbereitungen für häufige Einladungen von Geschäftspartnern und Freunden nehmen viel Zeit in Anspruch, jeden Abend gehen die Eltern ins Sportstudio, um sich fit zu halten. Zeit für Muße, abendliche Rituale, zum Vorlesen oder Spielen bleibt nicht.

Susannes Schulleistungen sind nicht so, wie es die Eltern erwarten. Ihre Noten werden immer schlechter. Da Susanne ebenfalls sehr ehrgeizig ist, leidet sie darunter. Sie hat riesige Versagensängste. Aber anstatt sich von der Mutter helfen zu lassen, verschließt sie sich, zeigt keine Hefte mehr vor, erzählt nichts von der Schule, will die Hausaufgaben allein lösen. Das Verhältnis zwischen Mutter und Tochter wird zunehmend schwierig. Susanne schließt ihr Zimmer ab; wenn die Mutter Kontakt zu Susanne sucht, wirft diese sie aus dem Zimmer. Sie spricht kaum noch mit den Eltern. Parallel dazu fühlt sich die Mutter genötigt, Susanne zu kontrollieren. Meist wenn sie schläft, durchsucht die Mutter ihren Ranzen und ihr Zimmer, liest ihr Tagebuch und versucht verzweifelt, das Verhalten der Tochter zu verstehen und die Kontrolle über sie nicht zu verlieren. Wenn Susanne dahinterkommt, rastet sie aus. Wenn Besuch da ist, gibt es immer einen Anlass für heftigste Auseinandersetzungen, was für Susannes Mutter eine besondere Herausforderung darstellt.

Zu anderen Zeiten klammert sich Susanne oft in großer Not an die Mutter und kann nicht allein bleiben. Ihr Verhalten der Mutter gegenüber ist von starker Ambivalenz geprägt, was für die Mutter den Umgang mit Susanne sehr schwierig macht.

Eifersüchteleien zwischen ihr und ihrem Bruder nehmen zu, die Auseinandersetzungen enden oft in Handgreiflichkeiten, Susanne fühlt sich von ihrem kleineren Bruder, der offensichtlich völlig unbeschwert durchs Leben geht, verspottet. Das Familienklima ist vergiftet. Der Vater versteht nicht, was da eigentlich passiert und entzieht sich der Familie.

Als die Zwänge bei Susanne beginnen, nehmen auch die übergriffigen Verhaltensweisen der Mutter zu. So cremt sie Susanne beispielsweise nachts die Hände ein (ihre Hände sind durch das häufige Waschen trocken und wund), obwohl Susanne die Creme genauso unerträglich findet wie die Seife, die sie sich in stundenlangen Ritualen abwäscht. Die Mutter hält aber die Pflege der Hände für nötig.) Die Grenzverletzungen der Mutter haben ihren Höhepunkt, als sie Susanne bei ihren quälenden Waschritualen filmt, weil sie sie dokumentieren will.

Diese Situation bekommt in Susannes Spiel folgendes Gesicht:

> Es war einmal ein Königreich, darin lebten ein König, eine Königin und eine Prinzessin, die hatte eine Maus. Außerdem gibt es noch eine Schlange, die das Königreich bewacht. Die Maus pinkelt den Thronsaal voll, bald steht im ganzen Saal das Pipi einen Meter hoch. Sie bepinkelt auch den König und die Königin und kackt außerdem dem König auf den Kopf. Das hat sie alles nur getan, um das Königspaar darauf aufmerksam zu machen, dass ein Räuber eingedrungen ist, der die Wächterschlange gefangengenommen hat. Die Prinzessin fotografiert den König mit der Kacke auf dem Kopf. Das wird im Fernsehen gesendet. Der König schämt sich, die Prinzessin hat das aber nur gemacht, damit sich der Räuber, der entflohen ist, ekelt und wiederkommt, um sich das genauer anzusehen.
>
> (Die etwas drastische Wortwahl in dieser Geschichte entstammt dem Vokabular von Susanne.)

Im weiteren Verlauf der Geschichte klaut der Räuber den Königsthron. Da noch ein Drache ins Spiel kommt, der ein Helfer des Räubers ist, muss nun die Prinzessin dafür sorgen, dass das Unheil abgewendet wird.

> Der König wird von ihr in einen Kerker gesperrt, aber nur zu seinem Schutz. Die Königin wird vom Räuber gefangengenommen, die Prinzessin findet sie, hilft ihr aber nicht, sondern macht ihr stattdessen Angst. Schließlich sperrt sie sie zum König. Die Prinzessin kommt mit der Maus, die pinkelt alle an, jetzt kann die Prinzessin den Räuber und den Drachen im Räuberhaus einsperren. Am Haus wird eine Pupsmaschine installiert, die pupst immer, deshalb wollen der Räuber und der Drache gar nicht raus.

Eine andere Geschichte erzählt von der geschwisterlichen Eifersucht:

> Es war einmal eine Familie, Vater, Mutter und eine Tochter. Eines Tages nun kam die Mutter mit einem neuen Kind nach Hause. Vater und Tochter wollten das aber nicht haben. Es pinkelte und pupste und manchmal spuckte es sogar. Da bringt die Mutter das kleine Kind zur Oma, da soll es erst einmal bleiben. Vater und Tochter denken sich für die Mutter, die böse ist, obwohl sie lieb tut, etwas Böses aus: Sie wollen ihr eine Falle bauen. Aber die Mutter hat das Gespräch auf Video aufgenommen, deshalb fällt sie nicht darauf herein. Dafür baut die Mutter jetzt eine Falle für den Vater. Er fällt rein, wird von ihr ins Gefängnis geworfen und von der Müllabfuhr abgeholt. Die Tochter sucht den Vater, findet ihn aber nicht. Die Großmutter hilft ihr auch nicht. Jetzt ist sie mit der bösen Mutter und dem ekelhaften kleinen Bruder ganz allein.

Andere Geschichten thematisieren vor allem die zwei Gesichter der Mutter, wie Susanne sie empfindet. Immer wieder treten Frauen in unterschiedlichen Verkleidungen auf, die täuschen, betrügen und Intrigen spinnen. Sie handeln von Mädchen, die in Fallen tappen, niemandem vertrauen können und bloßgestellt werden. Sie sind immer irgendwann allein gelassen und ängstigen sich. Dann wieder gibt es Szenen, in denen sich der Vater eine neue, nette Frau sucht. Das geht eine Weile gut, bis sich herausstellt, dass es doch wieder die Mutter ist, die sich nur verkleidet hat.

Im Laufe der Therapie ändert sich das Verhältnis zwischen Mutter und Tochter zusehends. Susanne entwickelt in ihrer Spielstunde das Bild einer gelingenden Mutter-Tochter- Beziehung und einer neuen Schwester-Bruder-Beziehung. Dieser Bruder wird darin der „Bisschen-Bruder" genannt und die Mutter die „Bisschen-Mutter".

Noch ist das Verhältnis fragil, aber dadurch, dass alle Familienmitglieder bemüht sind, ihr eigenes Verhalten zu ändern, kann Susanne ihre quälenden Zwänge aufgeben.

Sie entscheidet nun selbst, ob und wann ihre Hausaufgaben nachgesehen werden und von wem, die Mutter geht nicht ohne Erlaubnis in Susannes Zimmer. Vor allem Mutter und Tochter entdecken wieder Dinge, die sie gerne miteinander tun, sie nehmen sich jeden Abend Zeit zum Vorlesen, Reden, Spielen. Der Vater bemüht sich, auch den kleinen Sohn zu seinem Recht kommen zu lassen. Überhaupt geht die Familie das Leben in einem anderen Tempo an, Wertigkeiten werden verschoben zugunsten eines intensiveren Familienlebens. Das tut letzten Endes allen gut.

Am Ende der Therapie sagt die Mutter etwas Bemerkenswertes: Sie sei eigentlich froh, dass das Problem in der Familie aufgetaucht sei. Dadurch sei ihr die Möglichkeit gegeben worden, ihr Leben zu überdenken und damit anders zu gestalten, ihre Werte neu zu bestimmen und ihre extreme

Außenorientierung aufzugeben im Sinne eines stimmigeren, authentischeren Lebens.

Man kann ermessen, wie oft Kinder sich dafür opfern, als Symptomträger auf ein Problem innerhalb der Familie aufmerksam zu machen. Wie gut, wenn die Familie daraus Nutzen ziehen kann.

Die elterliche Hülle

Leon: „Ich will ein Mädchen sein!"

Leon ist acht Jahre alt, als ich ihn kennenlerne, und hat noch einen fünf Jahre jüngeren Bruder. Leon hat große Einschlafprobleme und leidet dadurch unter ständiger Müdigkeit. Nachts hat er Albträume und kann dann lange nicht einschlafen. Tagsüber sei er aggressiv, vor allem der Mutter und dem kleinen Bruder gegenüber. Er stehe ständig unter Hochspannung, sei ein Tyrann, jähzornig und leicht reizbar. Er habe häufig keinen Appetit und sei sehr mäkelig beim Essen.

Er sei „ein Horrortrip seit seiner Geburt". Die Mutter sagt, sie „könnte ihm den Hals umdrehen". Sie fühle sich völlig überfordert. „Entweder bring ich ihn um oder mich." Oft werde er von ihr angeschrien und auch geschlagen. Der Vater ist wegen ständiger Ehestreitigkeiten so wenig wie möglich zu Hause.

Leon wirke oft freudlos und traurig und sei sehr empfindsam.

Die Mutter litt früher unter einer Depression, der Großvater sei manisch-depressiv.

Die Ehe der Eltern sei schon seit der Schwangerschaft mit Leon schwierig. Bereits damals habe sich die Mutter mit Trennungsabsichten getragen. Die Geburt sei sehr schwer gewesen. Nach stundenlangen Presswehen habe man ihn „herausgehebelt". Die Mutter war sehr enttäuscht, weil sie sich ein Mädchen gewünscht hatte.

In den ersten Monaten habe Leon nur geschrien, das habe es der Mutter sehr schwer gemacht, überhaupt eine Beziehung zu ihm aufzubauen, sie habe sich permanent überfordert gefühlt. Sein Bruder sei das ganze Gegenteil von ihm, still und sanft. Der Vater könne mit den Kindern überhaupt nicht umgehen, er nähme sich auch keine Zeit für sie.

Der Vater, beim Erstgespräch ebenfalls anwesend, begibt sich sofort in die Defensive, er meint, seine Frau könne das sowieso besser und seine Söhne wollten nichts von ihm wissen.

Haben Sie jetzt nach den Schilderungen der Mutter auch ein kleines Ungeheuer vor Augen?

In die erste Stunde kommt aber ein hübscher, zarter Junge, mit langem Haar, das von einer kleinen Spange gehalten wird, und mit rosa Schuhen bekleidet. Er ist sanft und geht mit den Gegenständen im Therapiezimmer sehr behutsam um.

Am meisten interessiert ihn eine Schmuckschatulle, und er probiert zunächst einmal sämtliche Ketten und Ohrringe an. Er malt und spielt die ganze Zeit versunken, danach – als ihn die Mutter abholt – wirkt er völlig überdreht.

Als Erstes malt er ein Sonnenbild (s. Abb. 13.1).

Das Sonnenbild ist ein projektiver Test, um Aufschlüsse über Wertigkeiten und Bezüge innerhalb der Familie zu erhalten. Die Aufgabe dazu lautet für die Kinder einfach: Male deine Familie als Sonnen!

Abb. 13.1 Leons Familie als Sonnen. Originalzeichnung des Kindes (Archiv Pohl)

Es ist berührend zu sehen, was für ein schönes, harmonisches Bild Leon malt. Wenn man die Schilderungen der Mutter damit vergleicht, kann man es nur für ein reines Wunschbild halten.

Auffällig ist dabei, welch große Rolle der Vater auf dem Bild einnimmt (die linke, große Sonne) und wie sehr sich Leon (rechts oben) offenbar eine Beziehung zum Vater wünscht. Der Regenbogen, der die beiden verbindet, symbolisiert dies.

Dass sich Leon sein Leben anders wünscht, kommt auch in seinen Spielen zum Tragen: Er hat eine große Sehnsucht nach Harmonie und Schönheit. Viel Zeit verwendet er zum Beispiel darauf, das Schloss, das in seinen Spielen eine Rolle spielt, zu schmücken und einen blühenden Garten herum anzulegen.

Das mag damit zusammenhängen, dass er sich selbst auch gerne schmückt. Allerdings habe ich den Verdacht, dass Leon vor allem seiner Mutter gefallen will, weil sie sich eine Tochter gewünscht hat. Denn sie äußert unverblümt auch in Leons Gegenwart, dass sie keinen Jungen wollte.

Im Beisein seiner Mutter scheint Leon ständig auf der Hut zu sein, die Therapiestunde dient ihm fast zur Erholung. Er ist dann wie ausgewechselt.

Er spielt:

> Ein König wohnt in einem wunderschönen Schloss. Er hat zwei Diener, die ihm zu Füßen liegen und alles für ihn tun. Er wird von ihnen mit allerlei Kostbarkeiten ausstaffiert und mit Leckereien versorgt. Aber es gibt auch eine böse Hexe, die im Keller haust. Dauernd sorgt sie für Unfrieden, aber meist merkt das der König gar nicht, weil die Hexe ihm einen Schlaftrunk verabreicht hat. Außerdem glaubt der König ihr immer wieder, wenn sie verspricht lieb sein zu wollen. Weil sie aber besonders dann alles Schlechte tut, wenn der König schläft, haben die Diener alle Hände voll zu tun, alles wieder in Ordnung zu bringen, bis der König wach wird. Wenn sie mal nicht da ist, haben die Schlossbewohner ein schönes Leben.

Leider kann ich das Treiben der Hexe nicht weiter verfolgen, weil die Mutter „das ganze Theater satt hat" und beschließt, den „normalen Weg zu gehen" und Leon jetzt Ritalin verschreiben zu lassen.

Schade, dass der König nicht rechtzeitig aufgewacht ist! Leons Vater konnte leider, vielleicht durch die jahrelangen zermürbenden Streitereien mit seiner Frau, seine Vaterrolle nicht in dem Maße annehmen, wie es Leon gebraucht hätte. Eine entlastende Triangulierung (s. Einschub) konnte nicht stattfinden. Möglicherweise war Rückzug für ihn die einzig mögliche Strategie, um die Beziehung einigermaßen aufrechtzuerhalten.

> **Einschub: Triangulierung**
>
> Der Begriff „Triangulierung" bezieht sich auf die Rolle des Vaters im frühen Kindesalter. Hier steht der Vater dem Kind im Individuierungsprozess als triangulierender Dritter zur Verfügung und hilft ihm, sich aus der symbiotischen Beziehung (Diade) oder wie in diesem Fall aus der belasteten Beziehung zur Mutter zu lösen.
>
> Die väterliche Rolle vor allem in der frühen Kindheit, findet häufig noch zu wenig Beachtung. Nicht nur als der Dritte im Bunde, sondern – vor allem für die Jungen wichtig – mit seinen ganz anderen Fähigkeiten und Herangehensweisen als die Mutter. Er spricht anders, spielt anders, fühlt sich anders an.
>
> Am Anfang des Lebens eines Kindes steht die enge Beziehung zur Mutter. Das Kind war neun Monate lang aufs engste mit ihr verbunden, dann folgt die Stillzeit. Wie in einer Symbiose verbringen Mutter und Kind die ersten Wochen miteinander. Doch so bleibt es natürlich nicht auf Dauer – und das ist auch gut so. Der Vater als „trennender Dritter" sorgt dafür, dass das Kind den Weg „nach draußen" findet. In dieser sogenannten „frühkindlichen Triangulierung" lernt das Kind, dass es sich ruhig von der Mutter trennen kann und dabei von einem Dritten, dem Vater, aufgefangen wird.
>
> Der anwesende Vater entspannt die Zweiersituation zwischen Mutter und Kind, die ja keineswegs immer nur harmonisch ist. Diese Bedeutung des „Dritten", der für Entspannung und Schutz sorgt, ist ein Leben lang wichtig.

> Die Vorstellung, einen Dritten zu haben (innerliche Triangulierung), kann trösten, entlasten und schafft Raum. Etwas Drittes ermöglicht Abstand zur aktuellen Situation und öffnet auch den Raum zum Spielen. Die Triangulierung vermittelt die Fähigkeit, sich selbst in der Interaktion mit anderen zu sehen, einen anderen Blickwinkel einzunehmen, ohne den eigenen aufzugeben, und über uns selbst nachzudenken (s. hierzu Hopf (2013), Vorwort).

Die Überforderung der Eltern war allerdings zu groß, die Aggressionen nahmen in einem Maße zu, dass angeraten wurde, Leon – zumindest eine Weile – in einer Institution unterzubringen, in der er entsprechend therapeutisch und pädagogisch betreut und gefördert werden konnte. Dort ist Leon immer noch, es geht ihm offenbar gut, seine Eltern sind inzwischen getrennt.

Die Sicherheit gebende schützende Hülle durch vorbehaltlose Annahme, Liebe und Fürsorge konnten beide Eltern nicht im nötigen Maße bieten. Leon fehlte dadurch die Sicherheit im Leben, um innere Stabilität zu entwickeln. Er war leicht zu kränken, empfindlich und umtriebig, ständig hat er die Menschen seiner Umgebung auf die Probe gestellt: Hast du mich gern, auch wenn ich mich schlecht benehme? Gleichzeitig hat er sich unermüdlich darum bemüht, zu gefallen und auch für sich Schönheit und Harmonie, die ihm von außen nicht gegeben werden konnten, zu entdecken und zu leben.

> Nur wer gebunden ist, kann sich lösen.

Menschen, die Trennungen kaum verkraften, schlecht „loslassen" können, eine große Neigung haben, von anderen Menschen abhängig zu werden, die entweder als besonders hilflos oder aber als besonders souverän und unberührbar erscheinen wollen, haben meist ein Defizit an positiven Bindungserfahrungen in der frühen Kindheit (s. Einschub: Bindungsqualitäten).

War die Mutter oder eine andere bedeutende Bezugsperson nicht in ausreichendem Maße in der ersten Lebenszeit des Kindes verfügbar, konnte das Kind keine sichere Bindungserfahrung machen, kann das im weiteren Verlauf seines Lebens spürbar zu Ängsten, anklammerndem Verhalten oder eben zu nur scheinbarer Eigenständigkeit und zu Bindungsunfähigkeit führen.

Erste Erfahrungen von Nähe macht der Säugling körperlich. Er spürt die Mutter, ihre Wärme, erlebt durch den Körperkontakt Geborgenheit und Schutz. Die liebevolle Berührung durch den anderen Menschen, die dem Kind Sicherheit vermittelt, spielt auf der seelischen Ebene eine ebenso große Rolle wie auf der physischen Ebene die Tatsache, dass der Säugling ausreichend mit Nahrung versorgt wird. Durch diese liebevolle Hinwendung und Fürsorge entsteht beim Kind Urvertrauen. Über die Bindungserfahrungen, die das Kind insbesondere in seinem ersten Lebensjahr macht, etablieren sich Erwartungshaltungen gegenüber anderen Menschen auch im späteren Leben.

Durch elterliche Feinfühligkeit, mit der auf die Bedürfnisse des Kindes adäquat reagiert wird, durch ein zuverlässiges, vorhersagbares und nachvollziehbares Verhalten dem

Kind gegenüber, entsteht bei ihm Zuversicht in Bezug auf die Verfügbarkeit der Bezugspersonen.

Erleben die Kinder häufig Zurückweisung und Ablehnung, kann sich diese Grundsicherheit nicht etablieren.

Werden Kinder vernachlässigt, ihre Bedürfnisse nicht befriedigt, so kann auch keine Sicherheit entstehen, kein Vertrauen in die Zuverlässigkeit des Erwachsenen. Das Gefühl, der Liebe und Unterstützung nicht wert zu sein, hat weitreichende Folgen. Es entsteht daraus die Tendenz, später echte Beziehungen zu vermeiden.

Erlebt das Kind eine Mutter, die einmal feinfühlig und zugewandt ist, das andere Mal ablehnend, muss es ständig auf der Hut sein, weil das Verhalten der Bezugsperson unvorhersehbar ist. Das führt zu permanentem Stress, weil das Kind versucht, sich der jeweiligen Stimmung des Erwachsenen anzupassen, sein Explorationsverhalten ist dadurch eingeschränkt. Es reagiert ängstlich und bleibt in deutlicher Abhängigkeit vom Erwachsenen. Autonomie kann sich so nur schwer entwickeln.

Ängstliche Bezugspersonen, die symbiotisch das Kind an sich binden und sein Expansionsbestreben verhindern wollen, verursachen anklammerndes Verhalten unter Umständen bis ins Erwachsenenalter hinein.

Nähe und Distanz in Einklang zu bringen, ist eine wesentliche Aufgabe des Heranwachsenden. Die Erfahrung, nicht genügend Nähe bekommen zu haben, die ambivalente Nähe und die übertriebene Nähe stellen alle drei Bedrohungen dar, die Angst auslösen können.

Konstanz

Anna: „Bleib bei mir!"

Anna ist sechseinhalb Jahre. Obwohl klein und zart, hat sie doch die körperliche und intellektuelle Reife eines Schulkindes. Nachdem sie sich allerdings über Monate beharrlich weigerte, in die Schule zu gehen und kein Zureden, keine Tricks und keine Strenge dauerhaften Erfolg hatten, beschließen die Eltern gemeinsam mit der Schule, Anna aus der ersten Klasse herauszunehmen und sie wieder in den Kindergarten gehen zu lassen. Aber selbst da verweigert sie sich jetzt (sie bleibt nur, wenn die Mutter dabei ist). In wenigen Monaten steht aber – und dieses Mal endgültig – der Schulbesuch an. Am liebsten will Anna aber zu Hause sein.

Der Hintergrund dieser Anhänglichkeit (die Schulverweigerung erfolgte nicht aus Angst vor der Schule, sondern aus Angst, die Mutter zu Hause allein zu lassen) liegt auf der Hand:

Die Mutter erkrankte schwer, als Anna gerade ein Jahr alt ist. Übergangslos muss die Mutter ins Krankenhaus, niemand darf zu ihr, sie bleibt dort neun Monate. Lange schwebt sie in Lebensgefahr. Als sie gegen Ende ihres Krankenhausaufenthaltes ein einziges Mal übers Wochenende nach Hause darf, verschlechtert sich ihr Zustand so gravierend, dass sie mit Krankenwagen und Blaulicht wieder abgeholt und ins Krankenhaus transportiert werden muss. Der Vater versorgt während dieser Zeit mithilfe einer Haushälterin die Kinder (Anna hat eine drei Jahre ältere Schwester).

Die Geschichten, die Anna spielt, sind nicht spektakulär, aber sie zeigen in rührender Weise den Mut und den Selbstbehauptungswillen dieses Kindes und seine Bemühungen um Autonomie.

> In ein Königreich dringt ein Räuber ein, der will der Prinzessin etwas Böses antun. Außerdem hat er es auch noch auf die Schätze der Königsfamilie abgesehen. Die Schätze kann er wohl stehlen, aber die Prinzessin lässt sich nicht von ihm beeindrucken. Sie schlägt ihm auf den Kopf, und er verschwindet. Allerdings kommt er wieder und versucht es von Neuem. Da freunden sich die beiden ein bisschen an, die Prinzessin gibt ihm etwas zu essen, und er verspricht dafür, die Zukunftskugel, die er gestohlen hat, zurückzubringen. Mit der Zeit verstehen sich die beiden immer besser, die Prinzessin lässt ihn erst einmal in einem Nebenzimmer wohnen, und irgendwann beschließen sie sogar zu heiraten. Sie ziehen in die Räuberhöhle und feiern ein schönes Hochzeitsfest. Die Eltern sind auch eingeladen. Zwar sind diese sehr traurig, dass die Prinzessin nun nicht mehr im Schloss wohnt, aber sie dürfen gelegentlich zu Besuch kommen. Außerdem wollen die Prinzessin und der Räuber auch nicht mehr lange in der Höhle wohnen, sondern sich stattdessen ein goldenes Schloss bauen. Die Prinzessin kann in ihrer Zukunftskugel auch immer sehen, wie es den Eltern geht.

Die Annäherung an den Räuber war der längste Prozess in ihrem Spiel, er zog sich einige Stunden hin. In allen Spielen war bemerkenswert, wie mutig die kleine Prinzessin agierte. Sie war schließlich diejenige, die das Königreich gerettet hat, mitsamt seinen Schätzen, und durch ihr Bündnis mit dem Räuber (der ja gar nicht so schlimm war, wie es schien) hat sie weiteren Schaden abgewendet.

Nach etwa zehn Therapiestunden geht Anna als stolze und reife Erstklässlerin in die Schule.

Sinnespflege

Einschub: Die basalen Sinne

Längst ist man davon abgekommen, über die fünf Sinne zu sprechen, die man „beisammen haben sollte".

Die differenzierteste und hilfreichste Betrachtung über die menschlichen Sinne habe ich bei Rudolf Steiner (1980) gefunden, der von zwölf Sinnen ausgeht.

Nun ist dies nicht der Ort, diese zwölf Sinne in ihrer Gänze zu betrachten, nur so viel:

Er unterscheidet vier basale Sinne (die hier für uns wichtig sind), das sind der Lebenssinn, der Tastsinn, der Bewegungssinn und der Gleichgewichtssinn.

Weiter bezeichnet er vier Sinne, die gefühlsverwandt sind: der Geruchs-, der Geschmacks-, der Seh- und der Wärmesinn sowie weitere vier Sinne, die man Sozialsinne nennen kann: der Hörsinn, der Sprachsinn, der Gedanken- und der Ichsinn.

Die Basalsinne sind, wie schon der Name sagt, die Grundlage, auf der sich die anderen Sinne erst in der rechten Weise entwickeln können. Sie sind für die Frage der Angstentstehung eminent wichtig, denn wenn sich das Kind selbst nicht richtig spürt, sich selbst nicht gut wahrnehmen kann, dann kann daraus kein gutes Selbstwertgefühl entstehen. Es wird nicht selbst-bewusst. Reize, die von außen kommen, können nicht richtig gedeutet werden. Daraus entstehen bei diesen Kindern Unsicherheit und Angst. Nicht zuletzt können auch Aggressionen ausgelöst werden, weil die Kinder beispielsweise bei einer Berührung nicht unterscheiden können, ob diese eine Bedrohung darstellt oder ein Versehen war. Fühlt sich ein Kind nicht wohl

> in seinem Körper, ist es nicht gut im Gleichgewicht, dann hat es auch seelisch keine verlässliche Grundlage, dann wackelt auch seine Seele.

Im nächsten Beispiel wird deutlich, welche Mangelerfahrung aus dem Nichtergreifen, dem Nichtspüren des eigenen Körpers entsteht.

Max: „Wer jetzt kein Haus hat, baut sich keines mehr ..."

Max, sieben Jahre alt, ist ein bemerkenswertes Kind. Der erste Eindruck: Er ist noch gar nicht richtig angekommen. Oder: Er ist zur sofortigen Abreise bereit. Vielleicht versucht er aber nur, sich seines Körpers wie eines Mantels zu entledigen?

Er ist ruhelos, schaut sich dauernd um, als ob von irgendwo etwas Bedrohliches käme, er geht permanent auf Zehenspitzen, weshalb er auch gar nicht ruhig stehen kann. Sein ganzer Körper ist in Anspannung, sein Atem geht stoßweise. Er ist grob- und feinmotorisch ungeschickt.

Vorgestellt wird er, weil er unter großen Trennungsängsten leidet, seine Mutter darf kaum das Zimmer verlassen, ohne sofortige Unruhe bei ihm hervorzurufen, abends schläft er lange nicht ein und niemals allein. In unsicheren Situationen, die er nicht recht einschätzen kann, wird er schnell aggressiv. Er nässt und kotet ein.

Die Vorgeschichte: Max wurde mit 15 Monaten aus einem russischen Waisenhaus adoptiert. Er war eine Frühgeburt mit 1100 Gramm Geburtsgewicht, die ersten drei Monate war er im „Brutkasten", das restliche erste Lebensjahr verbrachte er zum größten Teil im Krankenhaus. Dadurch bedingt hatte er bis zur Adoption ständig wechselnde Bezugspersonen.

Max ist ein gutes Beispiel dafür, dass Ängste auch aus einer Mangelerfahrung an körperlicher Zuwendung in der ersten Lebenszeit entstehen. An seinem ganzen Habitus kann man erleben, dass er sich nicht wohl in seiner Haut fühlt, dass er grundlegende Leibeserfahrungen nicht hatte. Der Tastsinn wurde nur mangelhaft angeregt, seine Grundbedürfnisse nach Nahrung, Wärme und Geborgenheit waren nur unzulänglich befriedigt. Sein „Lebenssinn" wurde nur unzureichend angeregt.

Wenn das „Leibeshaus" nicht die Geborgenheit verspricht, die man braucht, fällt es schwer, loszulassen und zur Ruhe zu kommen. Denn in der Ruhe hat man ein deutliches Empfinden von sich selbst. Ist das unangenehm, „zappelt man sich besser raus". Das kann man beim sogenannten „Zappelphilipp" immer wieder erleben, dieses mangelhafte Wohlfühlen im eigenen Leib. Und wenn der eigene Körper nicht einmal diese nötige Sicherheit verleiht, ist man der Angst umso mehr ausgeliefert.

Wichtig ist dann, diese Mangelerfahrung auszugleichen, indem man den Kindern die Möglichkeit gibt, diese Sinne nachreifen zu lassen. Die basalen Sinne (s. Einschub) sind das Korrelat für die seelische Konfiguration des Menschen. Blicken wir zurück auf die Grundformen der Angst (s. Einschub), können wir unmittelbar therapeutische Möglichkeiten erkennen:

1. Die Pflege des Lebenssinns stellt die Grundlage dar für die Beheimatung in der Welt. Dieser Sinn wird ausgebildet durch regelmäßige Mahlzeiten, Körperpflege, Rhythmus, Halt, angemessene Kleidung.
2. Die Pflege des Tastsinns vermittelt ein Grundgefühl von Sicherheit, auf dem man sich selbst werden kann.
3. Die Pflege des Gleichgewichtsinns erlaubt, ein ausgewogenes Verhältnis zwischen innerem Seelenleben und der Welt herzustellen.
4. Die Pflege des Bewegungssinns vermittelt ein Freiheitsgefühl, das vor der Starrheit, vor dem krampfhaften Festhalten an Gewohntem bewahrt.

Dass die Angststörungen bei Kindern mittlerweile zunehmen, ist sicher auch darauf zurückzuführen, dass die Pflege dieser genannten Sinne heute vernachlässigt wird. Oder im Umkehrschluss: Wenn wir die körperliche Seite bei der Erziehung der Kinder ernst nehmen und nicht nur über sportliche Betätigung für einen Ausgleich sorgen, würde den Kindern eine bessere Grundlage auch für ihre seelische Entwicklung gegeben.

Aber zurück zu Max:

Wenn Max sich besser bei sich selbst zu Hause fühlt, kann er seine Ängste, die sich im Spiel noch sehr diffus artikulieren, besser begreifen und ordnen. Dazu braucht er aber erst einmal die Füße auf dem Boden.

Solange braucht er Tasterfahrungen, beispielsweise über liebevolle Einreibungen des ganzen Körpers, er darf in der Hängematte schaukeln (das gibt ihm einerseits Körpergefühl, andererseits tut ihm der Rhythmus gut), er kann im warmen Sand eingebuddelt werden, mit Papa oder Mama Hefeteig kneten, schaukeln, balancieren und sich gemütliche Stündchen mit den Eltern machen. Er darf versuchen, mit den Füßen zu malen, denn da ist er noch gar nicht angekommen. Das erkennt man daran, dass er nur in ganz entspannten Situationen auf dem ganzen Fuß steht, sonst eben nur auf den Fußspitzen. Er wird angeregt zu balancieren, damit aus einem äußeren Gleichgewicht ein inneres werden kann.

Er braucht jetzt besonders viel liebevolle Zuwendung mit Kuscheln und Streicheln, und er braucht klare Grenzen, die ihm Halt geben. Es tut ihm gut, den Sehsinn mal eine Weile auszuschalten, gemütvolle (keine aufregenden) Spiele im Dunkeln zu spielen, zum Beispiel mit Fühlbeuteln, oder, um seine anderen Sinne anzuregen, Ratespiele mit Schmecken, Riechen und Hören.

Erst dann kann es überhaupt sinnvoll werden, Probleme, die seelische Ursachen haben, therapeutisch anzugehen. Es kann aber auch gut sein, dass das bei Max dann gar nicht mehr so nötig ist.

Denn was ihm in erster Linie eine Hilfe sein wird, ist, dass er trotz dieser frühkindlichen Mangelerfahrung deutlich an die Adoptiveltern gebunden ist.

Wahrhaftigkeit und Authentizität

„‚Was ist dir das Menschlichste?' – ‚Jemandem Scham ersparen.'" (Friedrich Nietzsche)

Franz: „Euch zeig' ich es!"

Wie verwirrend kann es für ein Kind sein, wenn es den ambivalenten Gefühlen der Erwachsenen ausgeliefert ist und hinter einer freundlichen Fassade Ablehnung und Zurückweisung spürt! Es vertraut dann nicht nur den Eltern, sondern auch seinen eigenen Gefühlen nicht. Wird es ferner mit Unsicherheiten im Verhalten der Eltern konfrontiert, wirken sich diese unmittelbar auf die eigene Wahrnehmung und das Selbstvertrauen des Kindes aus. Eine unsichere Basis erzeugt Angst.

Erlebt es dann noch aus falsch verstandener sozialer Anpassung der Eltern mangelnde Unterstützung in fremden, schwierigen Situationen („Ich weiß gar nicht, was mit ihm los ist, zu Hause ist er auch so trotzig, er benimmt sich mal wieder unmöglich…!"), ist das Kind nicht nur verunsichert, weil es nicht mehr weiß, auf welcher Seite die Eltern stehen, es ist auch enttäuscht. Solche Situationen sind bestens geeignet, den Wutausbruch eines Kindes zu einer Katastrophe für sein Selbstwertgefühl und für das Selbstverständnis der Eltern als geeignete Erzieher ihres Kindes werden zu lassen.

An dieser Stelle möchte ich dem Leser eine längere Geschichte zumuten, um zu verdeutlichen, welch schwierigen, langwierigen und quälenden Weg ein Kind oftmals zu gehen hat, bis es sich aus seiner seelischen Bedrängnis befreien kann. Es ist die Geschichte eines siebenjährigen Jungen, der über zwei Jahre in therapeutischer Behandlung war. Die Geschichten sind nur in den wesentlichen Zügen zusammengefasst, lassen aber doch erahnen, was der Junge erlitten hat und wie klug und mutig er sich zu befreien vermochte. Vor allem ist die Geschichte deshalb so bemerkenswert, weil das

Kind in scheinbar behüteten Verhältnissen aufwächst und von keinerlei traumatischen Erlebnissen berichtet wurde.

Das Bloßstellen des eigenen Kindes ist leider keine Seltenheit. Man kann das wieder und wieder erleben, so als müssten sich die Eltern unbedingt distanzieren, wenn ihr Kind flegelhaftes Verhalten an den Tag legt oder Wutausbrüche hat. Müssen sie um ihre elterliche Kompetenz fürchten? (Von wem er das bloß hat?!) Ist es soziale Überangepasstheit? Ja, ich weiß, es ist oft schwer auszuhalten, wenn das eigene Kind auf offener Straße einen Wutanfall bekommt und die Passanten kopfschüttelnd vorbeigehen oder gar mit der Bemerkung „Können Sie Ihr Kind nicht besser erziehen?" aufwarten.

Und doch ist es das Wichtigste, dass ein Kind spürt: Der Erwachsene hält zu mir, vor allem dann, wenn ich gerade nicht weiß, wie ich mich aus dieser Situation befreien kann, ohne mein Gesicht zu verlieren. Er versteht meine Not und mein Verhalten als Ausdruck meiner Hilflosigkeit. (Das entbindet uns nicht davon, das Verhalten des Kindes zu hinterfragen. Ein Kind hat immer einen guten Grund, sich so zu verhalten, wie es sich verhält. Die Antwort kommt natürlich nicht vom Kind direkt, sondern kann sich dort ergeben, wo wir unsere Wahrnehmung für das Kind und die schwierigen Situationen schulen.)

Franz, wie ich ihn hier nennen will, zeigt uns – weil es ein besonders feinfühliges Kind ist – in seinem Spiel sehr deutlich, welche Enttäuschungen da zu verkraften sind.

Franz ist das Kind einer sehr jungen Studentenbeziehung. Die Mutter kommt aus wohlbehütetem intellektuellem Elternhaus, alles scheint bei ihr auf eine vielversprechende Karriere hinauszulaufen, wie es die Eltern auch von ihr erwarten. Das Studium absolviert sie mit Bravour, bis sie einen Mann kennenlernt, den die Eltern als „Hallodri" bezeichnen. Lebenszugewandt und wenig zukunftsorientiert schlägt er sich als Straßenmusikant durch. Eine Ausbildung hat er abgebrochen. Aus dieser Beziehung geht nun ein Kind hervor, das weder geplant noch erwünscht war. Die Eltern der jungen Frau sind entsetzt und verweigern jegliche weitere finanzielle Unterstützung. Die Mutter sieht sich gezwungen, ihr Studium abzubrechen, da der Vater von Franz kein Geld verdient.

Die Eltern ziehen zusammen und wollen die Verantwortung für dieses Kind übernehmen.

Franz hat aber nicht nur einen Strich durch die Zukunftspläne beider Eltern gemacht und zum Abbruch der Beziehung der Mutter zu ihren Eltern geführt, er entwickelt sich auch noch zu einem schwierigen Kind, das seine Eltern über die Maßen beansprucht. Anfangs schreit er viel und will nicht recht gedeihen Das belastet die noch junge Beziehung der beiden Eltern. Sie sind auch verunsichert, wie man ein Kind erziehen soll, und geben schnell die Solidarität mit Franz auf, wenn jemand von außen kritisiert. Sie neigen dazu, ihre Probleme zu verleugnen und „die harmonische kleine Familie" zu spielen. Beide wachsen aber an der Verantwortung für dieses Kind, und so scheint die Familie langsam zueinanderzufinden.

Die einen Großeltern sind aufgrund der räumlichen Entfernung nicht verfügbar, die anderen haben sich abgewandt, und der Freundeskreis ist sehr geschrumpft, weil eine junge Familie mit Kind nicht mehr so recht zu dem wenig strukturierten Studentenleben ihrer alten Freunde passen will. So ist die Familie recht einsam. Bei aller Mühe, die sie sich um das Kind geben, ein innerer Groll für das scheinbar verpasste Leben, wie es sich beide gewünscht haben, bleibt. Das schafft Ambivalenzen dem Kind gegenüber, die Franz sehr wohl spürt, wie man aus seiner Geschichte erkennt. Hinter der äußeren Freundlichkeit der Eltern spürt er doch eine innere Ablehnung. Entsprechend schwierig zeigt er sich, als er in den Kindergarten kommt. Er findet keine Freunde und fällt durch sein aggressives Verhalten auf. Zu Hause ist er angepasst und eher regressiv. (Er hat nachts massive Albträume, will daher immer im Bett der Eltern schlafen und sucht ihre dauernde Nähe.) Die Familie zieht mehrfach um, dadurch werden konstante und zuverlässige Kontakte verunmöglicht. Durch die Berufstätigkeit der Mutter und die Ausbildung, die sie und auch der Vater inzwischen angefangen haben, wird Franz viel fremdbetreut.

Er wird für eine Therapie vorgestellt, als er in die Schule kommt und bereits im ersten Jahr den Eltern nahegelegt wird, das Kind in eine Schule für Erziehungshilfe zu geben, da sein unruhiges und aggressives Verhalten massiv den Unterricht störe. Im Gespräch, das ich mit seiner Lehrerin, einer – für mein Empfinden – etwas moralinsauren Person, führe, wird deutlich, dass sie keinen Zugang zu Franz findet und ihn innerlich ablehnt. Keinerlei Verständnis kann sie für seine durchaus originellen Streiche aufbringen. Leider nimmt sie ihn nur als Störenfried wahr. Das verunsichert seine Eltern zusehends.

Franz ist ein hübscher, zarter, sehr sensibler Junge mit einem feinen Gespür für Zwischentöne. Er merkt sofort, ob ihm jemand wohlgesonnen ist oder nicht.

Mangelnde Konstanz in Beziehungen hat ihn vorsichtig werden lassen, eine solche überhaupt einzugehen. Er prüft ständig: Hast du mich auch lieb, wenn ich mich unausstehlich benehme? Nach anfänglichem Misstrauen auch mir gegenüber, beginnt er sich zu öffnen und spielt eine lange, quälende Geschichte, die ich hier in stark verkürzter Form wiedergebe:

> Es war einmal ein guter König, der lebte mit seiner Familie in einem Schloss. Er besaß viele Schätze. Es gab aber auch einen bösen und mächtigen Teufel, der diese Schätze haben und dem guten König seine Macht rauben wollte.
>
> Eines Tages nun machte sich der Teufel schwer bewaffnet und in Begleitung schrecklicher Gestalten, nämlich eines Drachen, eines Gespenstes, das wie der Tod selbst aussah, und eines Roboters auf den Weg zum guten König, um ihn zu überfallen. Da der gute König ganz unvorbereitet war, konnte der Teufel ihn überwältigen, er nahm ihn gefangen und bemächtigte sich seiner Schätze.
>
> Der König wurde weit weg gebracht und musste gefesselt in einem Gefängnis bei Wasser und Brot ein erbärmliches Dasein fristen. Der Teufel verlangte von ihm, er solle der Diener der Bösen werden.
>
> Der König weigerte sich aber, sich den Bösen zu unterwerfen. Aber diese sind stark, und so muss er ihnen gehorchen.
>
> Der böse Teufel hat aber noch lange nicht genug. Sein Plan ist, sich die ganze Welt untertan zu machen. Da er außerdem über Zauberkräfte verfügt, bringt er immer mehr gute Menschen in seine Gewalt. Seine Macht wird unermesslich groß, weil niemand es wagt, sich dem Bösen zu widersetzen. Lieber machen sich die Menschen – wie zuvor der gute König – zu seinen Dienern.
>
> Eine einzige Ausnahme gibt es aber. Es ist ein kleines Kind, das lieber alle Quälereien und Strapazen auf sich nimmt, als sich auf die Seite der Bösen zu schlagen. Lieber sitzt es im Gefängnis, als böse zu werden. Allerdings hat es auch keine Chance, aus dem Reich der Bösen zu entkommen.
>
> Wir erfahren im Laufe der Geschichte mehr über die Bösen. Vor Zeiten waren sie gut, aber ein Mensch hat sie böse gezaubert. Sie haben damals das Kind geholt, weil es giftig war und sonst die ganze Stadt vergiftet hätte. Jetzt wollen sie es wieder holen, um es zu töten. Sie schenken den Eltern Geld dafür.

Gelegentlich lassen die Bösen das Kind frei, aber nur für kurze Zeit, dann wird es wieder eingesperrt. Immer, wenn es hofft, dass alles gut werden könnte, denken sich die Bösen eine neue Gemeinheit aus. Einmal lassen sie es wieder frei, aber weil es die Bösen ärgert, brauen sie einen giftigen Trank, daran soll das Kind sterben. Sie zaubern ihn extra lecker, damit das Kind ihn auch gerne trinken will.

Der tödliche Trank hat zur Folge, dass das Kind explodiert. Jetzt gibt es im ganzen Reich niemanden mehr, der den Bösen Widerstand leistet.

Die Bösen langweilen sich, wenn sie niemanden quälen können. Deshalb holen sie den Zwillingsbruder des guten Kindes. Erst quälen sie ihn, dann bekommt er eine Nuckelflasche und wird damit durch die Stadt geführt, damit ihn alle auslachen. Die Bösen vermieten auch das Kind. Wenn man Geld dafür bezahlt, darf man es quälen, solange man will. Viele, die so tun, als wären sie gut, nehmen das Angebot an. Es macht ihnen viel Freude. Der Vater des Kindes steht auf einem hohen Berg und muss das alles mit ansehen. Er ist aber feige und traut sich nicht, hinunter zu steigen und seinem Kind zu helfen.

Die Quälerei will kein Ende nehmen. Das Kind wird an einen Felsen gekettet und gequält, dann wieder soll es in einem tiefen Brunnen ertränkt werden. Das Kind hat schreckliche Angst und jammert und weint. Aber das hilft ihm alles nichts, schließlich wird es doch ins Wasser geworfen und muss elendiglich ertrinken.

Doch dann wird es wieder lebendig gezaubert und an einen Felsen gekettet und gequält. Danach wird es ins Feuer geworfen und gebraten. Die Eltern müssen dabei zusehen.

Die Teufelei hat lange kein Ende!

Eines Tages fällt es dem Teufel ein, einen Wettbewerb zwischen den Bösen und den Guten zu veranstalten.

Diejenige Partei, die gewinnt, bekommt einen Schatz. Die Bösen gewinnen zwar, aber die Guten haben sich so tapfer geschlagen, dass sie auch einen Teil davon abkriegen. Damit können sie sich Gefangene freikaufen. Schließlich sind alle Guten – bis auf drei – wieder frei.

Das Blatt wendet sich. Der Krieg zwischen den Guten und den Bösen ist nun zu Ende.

> Die Guten werden in die Bande des Teufels aufgenommen (dessen böses Treiben schon eine ganze Weile von spielerischen Wettbewerbssituationen abgelöst wurde).
> Es gibt ein großes Festessen, bei dem die Guten und die Bösen an einer großen Festtafel vereint sitzen und es sich gut gehen lassen.
> **Der König ist nun der Stellvertreter des Teufels.**

Ich denke, diese Geschichte spricht für sich.

Besonders interessant ist hier der Schluss, der eine sehr kluge Einsicht vermittelt, die Franz unbewusst „weiß": Dass das Böse, also die negativen Seiten, der „Schatten" (C. G. Jung) ein Teil des Menschen ist, den wir nicht eliminieren sollen, sondern den wir kennen und ihm den rechten Platz in unserem Leben zuweisen sollen. Er weiß das besser als seine Eltern, die ihre negativen Gefühle verleugnen müssen und damit für ihr Kind jede Authentizität verlieren. Er glaubt ihnen nicht mehr und fühlt sich verraten.

Der stärkste Eindruck während der Spiele ist die Schwierigkeit, irgendwem zu vertrauen, weil man nie sicher sein kann, ob sich hinter der Maske des Guten nicht jemand Böses verbirgt. Ebenso beeindruckend ist das Gefühl des Ausgeliefertseins, besonders an der Stelle, an der das Kind immer wieder in die gleiche ausweglose Situation gerät, in die es von den Eltern gebracht wird. Sehr quälend war eine lange Sequenz von Spielen, in denen das Kind gebraten wird und die Eltern nicht in der Lage sind zu helfen.

Franz hat einen guten und klugen Weg gefunden, für seine eigenen widersprüchlichen Gefühle eine Lösung zu finden, Gut und Böse erst einmal auseinanderzuhalten, um sie dann wieder „an einen Tisch" bringen zu können. Zwar sind der Teufel und der König noch nicht ebenbürtig, Franz hat aber bereits ein gutes moralisches Empfinden entwickelt, sodass er mit seinen negativen Gefühlen in der Zukunft umgehen lernen wird.

Spiritualität

Lennart: die Strafanstalt Gottes

Lennart, zehn Jahre alt, ist das Kind zweier Hochschulprofessoren. Er ist, wie auch sein älterer Bruder und seine kleinere Schwester, hochbegabt. Er hat zwei Klassen übersprungen und ist dennoch täglich mit Klassenkameraden zusammen, denen er intellektuell, vor allem sprachlich, überlegen ist. Andererseits hat er nicht die emotionale und soziale Reife, um von den anderen als gleichwertiger Kumpel oder gar Freund angesehen zu werden. Er fühlt sich hingegen von ihnen häufig tyrannisiert. Er ist dadurch isoliert, einsam und glaubt sich unverstanden. Seine Eltern sind beruflich sehr gefordert und haben wenig Zeit für ihre Kinder. Der ältere Bruder hat mit 16 Jahren Abitur gemacht und lebt bereits in einer anderen Stadt. Mit der kleinen Schwester konkurriert Lennart permanent um die Aufmerksamkeit und die Gunst der Eltern.

Neben Phasen langanhaltender Traurigkeit, bei denen er sich mit der Frage quält, warum er so anders ist als die anderen und ob er „ganz richtig im Kopf ist", neigt er zu eruptiven Ausbrüchen von Aggressionen, Gewalt und wüsten Beschimpfungen, die sich vorzugsweise gegen seine kleine Schwester und seine Mutter richten. Er bestiehlt auch die Eltern und kauft sich große Mengen von Süßigkeiten, die er dann heimlich verschlingt. Hinterher nagt das schlechte Gewissen an ihm.

Seine Spiele haben immer zwei Schauplätze: den Himmel und die Hölle. Beide Bereiche werden sehr sorgsam und phantasievoll ausgestattet.

Die Strafanstalt Gottes

Wir befinden uns mitten in der Hölle. Bewohnt wird sie von Tod, Teufel und der Teufelsmutter. In unmittelbarer Nähe, auf einem verdorrten Baum, hocken die Brüder des Teufels, Irrsinn und Verhängnis. Der Irrsinn frisst Menschen, weil sie alles falsch machen. Es gibt verschiedene Teufelsinsekten, den Teufelsschleimer und Geister. Einen Henker gibt es auch. Alle Höllenbewohner sind von der Gier verflucht.

In dieses ungemütliche Ambiente kommt der Geist des Königs (wir erinnern uns: der König ist das Symbol des Ichs). Er will die Prinzessin (Symbol der Seele) rächen, die entführt und von einem der Höllenbewohner in eine Kröte verzaubert wurde. Bei dieser Gelegenheit will er sich auch eines kostbaren Diamanten bemächtigen, den sich der Teufel unrechtmäßig angeeignet hat. Ein wüstes Gemetzel beginnt. Zunächst sieht es so aus, als hätte der König überhaupt keine Chance. Zwischendurch gewinnt er zwar immer wieder die Oberhand, aber schlussendlich sterben alle, die Hölle ist verwaist. Da kommt Gott mit der Mondsichel und zerstört die Hölle vollständig.

Das Paradies wird errichtet. Jetzt gibt es nur noch das Gute.

Gott aber schläft. Jesus selbst ist von der Gier befallen und befreit alle Bösen, weil er will, dass Gott getötet wird. Eine Revolution gegen Gott wird angezettelt. Es scheint zu gelingen, und die Bösen verwandeln das Paradies in eine „höllische Hölle". Gott wird Gift eingeflößt. Er ist aber nur scheinbar tot. Die Bösen bringen Jesus und sich gegenseitig um. Jetzt lebt nur noch Gott, und es gibt kein Böses mehr. Der Fluch der Gier ist aufgehoben.

Aber da Gott neutral ist, ein Imperator, kann das Gute wie auch das Böse wieder entstehen.

Es wird deutlich, welchen inneren Kampf Lennart bestreitet. Seine inneren moralischen Werte verurteilen aufs Schärfste, wenn er den eigenen Ansprüchen nicht gerecht wird. Dieses Dilemma, seine Gier auf der einen Seite und die moralischen Ansprüche an sich selbst auf der anderen, zeigt er in seinem Spiel deutlich. Wie sehr man ihm dabei helfen kann, wenn er verstehen lernt, was sich in seinem Spiel bereits andeutet: dass Gut und Böse ihren Platz im Leben haben und dass er diesen Kampf nicht allein führt!

Dass ihn diese Fragen sehr bewegen und wie sehr er das ernste Gespräch darüber sucht, habe ich in den Stunden mit ihm erfahren. Viele Kinder laufen bei den Erwachsenen mit Fragen nach ihrer geistigen Herkunft und nach Gott und der Bestimmung des Menschen ins Leere und sind damit allein gelassen.

Gedanken über Tod, Schicksal, Gott und Schutzengel beschäftigen Kinder bereits ab vier Jahren. Freudig nehmen sie den Schutz der Engel und die Gewissheiten, die ihnen Abendgebete verleihen, an. Wie Lennart, der sagt, wenn die Mutter abends mit ihm das Vaterunser bete, mache ihn das ruhig und froh.

Authentizität, Spiritualität, Bindung, Respekt, Konstanz, Sinnespflege sind wesentliche Merkmale einer guten, verlässlichen Grundlage, die das Kind braucht, um gesund aufwachsen zu können. Dass ihm das nicht immer gewährt wird oder gewährt werden kann, zeigen die Beispiele. Aber sie zeigen auch, dass fast alles, was dem Kind vorenthalten wurde, später nachgeholt werden kann. Die Entwicklungsmöglichkeiten, die ein Kind hat, sind enorm, und je früher Hilfe gegeben werden kann, damit das Kind nachreifen kann, desto sicherer wird es zu einem gesunden, mutigen Erwachsenen heranwachsen können.

Andere wesentliche Aspekte, die hier nicht erwähnt wurden, sind ein warmes Familienklima, Humor, Zutrauen und die Freiheit eigener Erfahrungen, die das Kind unter Umständen nicht mit dem Erwachsenen teilen muss.

Ich habe versucht, durch das Erzählen von unterschiedlichen Geschichten deutlich zu machen, was Kinder für ihre Entwicklung brauchen bzw. was ihre Entwicklung hemmt. Dadurch wollte ich einen Zugang zur Seele des Kindes ermöglichen und gleichzeitig vermitteln, wie sehr man auf seine Selbstheilungskräfte vertrauen kann. Dass es auch Kinder, vor allem aber Jugendliche gibt, bei denen späte Hilfe nur sehr schwer oder gar nicht ankommt, und was dann die Angst aus einem jungen Menschen macht, soll an folgendem Kapitel verdeutlicht werden.

Literatur

Nohl H. In: Egli H (Hrsg) (2004) Entwicklungsräume. Edition SZH/CSPS, Luzern

14
Wenn alle Hilfen verweigert wurden und Angst zu Wut wird

„Liebe mich, wenn ich es am wenigsten verdiene, denn dann brauch ich es am meisten!"
Helen Keller

Franziska: „Mich kann man nicht lieben!"

> Einschub: Mentalisierung
>
> Das folgende Konzept wurde entwickelt von Peter Fonagy und Mary Target (2011)
> Die Fähigkeit zur Mentalisierung wird ab den ersten Lebensmonaten entwickelt: Eine sicher gebundene Beziehung ermöglicht dem Kind, zunehmend seine Gefühle zu unterscheiden, zu verstehen und zu kontrollieren. Die Qualität der Bindung an die wichtigen Bezugspersonen führt zu einem bestimmten Bindungsstil des Kindes, der sich auf das Verhalten wie auf die Seele des Menschen auswirkt und das Verhalten der Bindungsperson für das Kind

vorhersehbar macht. Das wurde an anderer Stelle schon eingehend betrachtet. (s. Einschub: Bindungsqualitäten)

Ebenfalls ist davon auszugehen, dass Säuglinge zunächst ihre Emotionen begleitenden, körperlichen Gefühle noch undifferenziert wahrnehmen. Sie werden sich ihrer eigenen emotionalen Zustände erst durch die Reaktion der Mutter oder des Vaters auf ihre Emotionsausäußerungen bewusster, das heißt durch eine entsprechende Antwort des Erwachsenen, welche dem Emotionsausdruck des Säuglings entspricht (Affektspiegelung).

Diese Affektspiegelung ist als nonverbale Antwort in der Mimik und den Lauten des Erwachsenen zu verstehen, die dem emotionalen Zustand des Säuglings entspricht.

Der Erwachsene reguliert die affektiven Zustände des Kindes intuitiv und ungewollt. Er passt sich den Affektausdrücken des Säuglings an und schwächt diese durch seine verbalen und nonverbalen Antworten ab oder verstärkt sie. Dadurch scheint sich ebenfalls der Affektzustand des Kindes entsprechend abzuschwächen oder zu verstärken.

Auf diese Weise versteht der Säugling mit der Zeit, dass seine Eltern auf seinen eigenen Zustand reagieren und ihn widerspiegeln. Der dabei von den Eltern gezeigte Affekt ist markiert, also eine Übertreibung des Ausdrucks des Kindes. Gerade durch die Übertreibung (Markierung) hat der Säugling die Möglichkeit zu erkennen, dass seine Eltern etwas „darstellen", was nicht genau seinem eigenen Empfinden entspricht. Es besitzt aber so viel Ähnlichkeit, dass das Kind eine Verbindung zwischen dem eigenen Gefühlsausdruck und dem seines Gegenübers herstellen kann. Würden die Eltern dabei auf den Ausdruck des Kindes wie auf den Ausdruck eines anderen Erwachsenen reagieren (unmarkiert), wäre der Säugling mit einem echten emotionalen Zustand eines Erwachsenen konfrontiert. Das Kind hat durch die Markierung die Möglichkeit zu verstehen, dass die Eltern seinen eigenen affektiven Zustand nachahmen.

Der Säugling versteht, dass der Zustand, den er gespiegelt bekommt, nicht echt ist, also nicht dem wirklichen Zustand der Mutter oder des Vaters entspricht. Er sieht den Ausdruck als ein Spiel an. Als nächsten Schritt erkennt der Säugling, dass sich das, was sich auf dem Gesicht des Gegenübers zeigt, auf ihn bezieht und dass es sich dabei um eine Widerspiegelung seines eigenen seelischen Ausdrucks handelt.

Diese Erfahrung ermöglicht also eine erste bewusste Wahrnehmung des eigenen Zustandes. Mithilfe dieser Grundlagen kann sich das Kind als Selbst erleben.

Wenn ein Kind keine ausreichende Bindungsbeziehung in seiner frühen Kindheit aufbauen konnte und seine Gefühlszustände nicht in der Weise gespiegelt wurden, dass es daraus seine eigene Gefühlswelt erkennen konnte (s. Einschub: Mentalisierung), wird seine Selbstwahrnehmung in der Folge geschwächt. Wird ihm auch später kein entsprechendes Modell geboten, weil der Zugang zur eigenen Gefühlswelt bei den Eltern auch schlecht ausgeprägt ist, entsteht daraus eine Identitätsdiffusion, also ein fragmentiertes, widersprüchliches Selbstbild. Das Kind kann seine Emotionen nicht verstehen und nicht kontrollieren. Es nimmt sich möglicherweise selbst nicht richtig wahr, dadurch entstehen Fehlinterpretationen der eigenen Verhaltensweisen.

Wenn das Gefühl der eigenen Identität gestört ist, ist die Wahrnehmung der eigenen Person ungenau, und daher ist die Affektregulation nicht in adäquater Weise gegeben. Das führt zu Verhaltensproblemen, vor allem in Stresssituationen.

Das Beispiel von Franziska verdeutlicht die Tragweite, die eine Situation der Bindungslosigkeit und des Ungeliebtseins besitzt.

Franziska, eine 14-jährige Jugendliche, konnte in ihrem Leben nur wenig gute Erfahrungen sammeln. Sie war ein ungewolltes Kind, entstanden aus seiner hoch konfliktbeladenen Beziehung. Demzufolge konnte die Mutter nach einer schwierigen Schwangerschaft und einer ebensolchen Geburt keine positiven Gefühle ihrer Tochter gegenüber entwickeln. Franziska wurde viel allein gelassen, die Mutter ging bald nach der Geburt wieder arbeiten, eine dem Kind wenig zugetane Tante versorgte es. Als Franziska einenhalb Jahre alt war, verließ die Mutter den Vater und das Kind. Die Tante stand auch nicht mehr zur Verfügung. Die neue Partnerin des Vaters versorgte Franziska ebenfalls nur notdürftig. Der Vater war wenig zu Hause. Die neue Partnerin sprach kein Deutsch und versuchte auch nur beschränkt, in ihrer Sprache mit dem Kind zu kommunizieren. Das Kind wurde häufig von ihr geschlagen.

Mit sechs Jahren nahm die Mutter von einem Tag auf den anderen das Kind wieder zu sich. Ab diesem Zeitpunkt sah der Vater seine Tochter nur noch sehr selten. Die Mutter verstand es, die halbherzigen Versuche des Vaters nach Kontaktaufnahme schnell zu unterbinden. Das Kind wurde nicht gefragt. Da die Mutter nur selten zu Hause war, wurde es viel sich selbst überlassen.

Es ist daher nicht verwunderlich, dass Franziska bereits im Kindergartenalter auffällig war. Zwei Mal musste sie den

Kindergarten wechseln, weil niemand das aggressive, umtriebige Kind behalten wollte. In der Schule wurde Franziska bereits in der ersten Klasse für einige Monate vom Unterricht suspendiert. Aufgrund ihrer hohen Begabung erreichte sie aber nicht nur das Klassenziel, sondern wurde nach Beendigung der Grundschulzeit auch auf ein Gymnasium geschickt. Wie bereits in der Grundschule schwänzte sie häufig den Unterricht, schlug sich mit den Klassenkameraden und griff auch Lehrer tätlich an.

Franziska fühlte sich von allen Seiten bedroht, tatsächlich griff sie nie einen Mitschüler an aus Provokation, aber sobald ihr jemand zu nah trat, sie auch nur anfasste, schlug sie blindwütig um sich und verletzte so mehrfach andere Schüler erheblich.

Schuldgefühle äußerte sie nie. Sie hatte keine Wahrnehmung des eigenen Verhaltens, sondern sah die Schuld immer bei den anderen.

Mehrere Psychiatrie- und Heimaufenthalte brachten nicht den gewünschten Erfolg.

Seit mehreren Monaten ist sie in einer Einrichtung, die an den ganz individuellen Bedürfnissen des Einzelnen ansetzt. Dort bemühen sich die Pädagogen um ein stabiles Beziehungsangebot und versuchen ihr den Halt, den sie bisher noch nirgends gefunden hat, zu geben. Franziska überprüft immer wieder die Tragfähigkeit dieser Beziehung, indem sie besonders widerspenstig ist und ihre Wutanfälle vor allem gegen die eigentlich geschätzte Pädagogin richtet, die sich ihrer in besonders intensiver Weise angenommen hat.

Ob es Franziska gelingen wird, diese Beziehung anzunehmen, ist offen. Es dürfte aber ihre letzte Chance sein, sich zu einem beziehungsfähigen Menschen zu entwickeln, der seine eigenen Stärken erkennen kann und mit seinen Unzulänglichkeiten umzugehen bereit ist.

Bisher hatte sie nur wenige Chancen, Hilfen selbst zu entwickeln oder echte Hilfen zu erhalten, die – wie beschrieben – nötig gewesen wären.

Literatur

Fontagy P (2011) Affektregulierung, Mentalisierung und die Entwicklung des Selbst. Klett-Cotta, Stuttgart

Nietzsche F (2000) Die fröhliche Wissenschaft, 3. Buch. Reclam, Stuttgart

Steiner R (1980) Zur Sinneslehre (hrsg. v. Christoph Lindenberg). Freies Geistesleben, Stuttgart

15

Wenn die Hilfen keine Hilfen sind

Vor einiger Zeit hatte ich Besuch von einem jungen Mann. Stolz erzählte er mir, dass er nun, nach bestandenem Abitur, ein Jahr ins Ausland gehen möchte, um danach zu entscheiden, wie sein Lebensweg weitergehen kann. Pläne hatte er schon viele.

Er war als Junge eine ganze Zeitlang bei mir in Therapie. Nach jahrelanger Ritalin-Behandlung, die bereits im Kindergartenalter begann, entschied er als damals Zehnjähriger, die „Krafttröpfchen", wie die Mutter das Medikament damals nannte, nicht mehr nehmen zu wollen. Er war ein zartes Kind mit großen Ängsten, klammerte an der Mutter, hatte verschiedene Wehwehchen, wenig Zutrauen zu sich selbst und war ein Tagträumer.

> Tagträumer = Aufmerksamkeitsdefizitsyndrom = Ritalin. So sieht leider oftmals die allzu einfache Gleichung aus, die bei Kindern mit diesem Erscheinungsbild aufgestellt wird.

Ein wesentliches Ereignis in seiner frühen Kindheit hatte ihn aus der Bahn geworfen, weshalb er sich am liebsten in andere Welten flüchtete. Die Hintergrundgeschichte ist hier nicht so wichtig. Wesentlich ist vielmehr, was der junge Mann zu mir sagte: „Niemand in meiner Familie hat mir zugetraut, dass ich das ohne Medikamente schaffe, aber ich habe es geschafft." Die Erfahrung, sich nicht durch ein äußeres Hilfsmittel, sondern aus eigener Kraft aus einer schwierigen Situation befreit zu haben, erfüllt ihn noch heute mit Stolz und vor allem mit der Zuversicht, auch zukünftigen Schwierigkeiten begegnen zu können. Ritalin hätte ihm dieses Gefühl nicht vermittelt. Ich bin überzeugt, dass man den Kindern mit einer Medikamentengabe nicht nur nicht gerecht wird, sondern ihnen auch eine seelische Entwicklung verunmöglicht. Hat man ihnen aber Zeit gelassen, über das Spielen einen Zugang zu ihren inneren Welten zu finden und Lösungsmöglichkeiten zu erproben, haben sie die Selbstwirksamkeitserfahrungen gemacht, die sie nicht nur aus ihrer Entwicklungskrise befreit, sind sie auch für weitere unvermeidliche Krisen gerüstet.

Leider ist die Vorgehensweise immer noch sehr oft so, dass ein Syndrom (also eine gewisse Anzahl von Symptomen, die sich abfragen lassen) in diesem und in den meisten anderen Fällen auch, als ein ADS oder ADHS (Aufmerksamkeitsdefizitsyndrom mit Hyperaktivität) diagnostiziert wird, ohne dass weiter nach den Hintergründen gefragt wird. Hans Hopf bemerkt in seinem Buch *Die Psychoanalyse des Jungen*, dass die seelischen Ursachen einer Zappelphilipp-Diagnose ausgeblendet würden und alle Störungen „mit einem Wackelkontakt im Gehirn" erklärt würden.

„Über den Topf mit brodelnden Konflikten kam ein eiserner Deckel mit der Diagnose ADHS." (Hopf 2013, Vorwort)

Wie hilfreich wäre es, statt Symptome zusammenzuzählen, den Kindern Aufmerksamkeit zu schenken, um herauszufinden, was sie bedrückt, nicht wachsen lässt und welche Fragen sie uns eigentlich stellen!

Hier ist nicht der Ort, dieses Phänomen genauer unter die Lupe zu nehmen. Es sind selbstverständlich immer viele verschiedene Faktoren, die einem auffälligen Verhalten zugrunde liegen. Allerdings ist mir kein Fall aus meiner Praxis bekannt, bei dem sich bei einem Kind mit der Diagnose ADS oder ADHS, nicht seelische Konflikte ausmachen ließen.

Literatur

Hopf H (2013) Die Psychoanalyse des Jungen. Klett-Cotta, Stuttgart

16
Gelungene Ablösung

Greta: Wie die Prinzessin Königin wurde

Erinnern Sie sich noch an Tobias, das Kind einer alleinstehenden Mutter, das zu sehr als Partnerersatz herhalten musste?

Greta hat ein ähnliches Schicksal. Selbstkritisch berichtet ihre Mutter von eben diesem Dilemma: Zu viel allein zu sein und daher die Tochter als Gesprächspartnerin in Themen einzubeziehen, für die die erst neunjährige Greta viel zu jung ist, und mit ihr Probleme zu besprechen, die sie nicht lösen kann und soll.

Ihr Vater ist zu Hause ausgezogen, als Greta gerade drei Jahre und ihre jüngere Schwester erst ein Jahr alt ist. Er zieht zu einer anderen Frau, wodurch sich Gretas Mutter betrogen und missachtet fühlt. Der Vater bekommt mit der neuen Frau kurz darauf ein Kind und verbringt immer weniger Zeit mit Greta und ihrer jüngeren Schwester.

Die Mutter versucht Greta davor zu bewahren, vom Vater enttäuscht zu werden, indem sie ihr über ihn „reinen Wein einschenkt". Wenn sie aber Krach mit ihrer kleinen

Tochter hat, hat sie ihr schon zu wiederholtem Male gesagt: „Dann geh doch zu deinem Vater!" In Wirklichkeit will sie das natürlich keineswegs: die Tochter an den Vater verlieren.

Sie beachtet nicht, dass Greta ihren Vater liebt (und lieben darf), auch wenn er die Mutter noch so sehr enttäuscht hat. Dadurch entfacht sie bei Greta nur Wut gegen die Mutter, die ihr den Vater nicht gönnt, und bringt sie in ein schreckliches Dilemma: Entweder muss sie sich für die Mutter und damit gegen den Vater entscheiden, oder für den Vater und dann muss sie nicht nur die Mutter aufgeben, sondern auch noch die kleine Schwester.

Und wer will sie denn überhaupt noch haben? Der Vater ist weggegangen und hat sie allein gelassen, und wenn sie einen Konflikt mit der Mutter hat, wird sie auch von ihr weggeschickt.

Kein Wunder, wenn Greta wenig Selbstwertgefühl besitzt, noch einnässt und immer wieder selbstzerstörerisches Verhalten zeigt. Gleichzeitig wirkt sie frühreif und gibt sich prinzessinnenhaft. (Natürlich ist es auch ein Privileg, die Vertraute der Mutter zu sein; die Dinge sind eben nicht immer schwarz oder weiß.)

> Es war einmal eine Königin, die lebte zusammen mit der Prinzessin und ihren Dienerinnen in einem wunderschönen Schloss. Aber die Königin hatte eine Widersacherin, das war eine böse Hexe. Eines Tages bat die Königin den Zauberer, er möge die Hexe in die Zauberkugel verbannen. Als er das versucht, bemerkt er aber, dass die Hexe dabei ist, einen Zaubertrank zu brauen, um die Königin zu töten. Als sie damit schon in das Schloss einzudringen versucht, wird sie aber überrascht und gefangen genommen. Während das ganze Schloss feiert, weil der

> Königin nichts passiert ist, wird die alte Hexe aufs Grausamste gequält. Sie kommt in ein so enges Gefängnis, dass sie sich überhaupt nicht mehr zu rühren vermag, dazu wird sie auch noch mit schweren Ketten gefesselt. Schreckliche, eklige Tiere werden zu ihr ins Verlies gesperrt: Schlangen, Ratten und Kröten. Lebende Fische werden ihr aufs Gesicht gelegt. Zu essen bekommt sie nichts. Alles Schreien und Jammern nützt ihr aber nichts, keiner hilft ihr, es hört sie ja auch niemand, weil alle anderen feiern.
> Verschiedene Möglichkeiten, die Hexe zu beherrschen, werden ausprobiert. Es wird versucht, sie nett zu zaubern, dann darf sie auch mal mit im Bett schlafen, zwischen der Königin und den Prinzessinnen, aber schließlich sind doch alle froh, als sie einen Zaubertrunk mit Todestropfen bekommt und stirbt. Ersatzweise gibt es daraufhin eine böse Königin neben der guten. Auch diese wird später vergiftet.

Für das kleine Mädchen ist die Rollenkonfusion groß und verwirrend. Wie wird sie eine Lösung finden?

Man kann ermessen, wie viel Wut gegen die Mutter sich bei diesem Kind angestaut hat. Und weil es sich nicht traut, diese zu äußern, richtet es die Aggressionen gegen sich selbst.

Aber die Geschichte ist hier noch nicht zu Ende:

In der Zwischenzeit modelliert Greta eine wunderschöne Prinzessin.

> Die Prinzessin wird bald erwachsen und eine schöne Konfirmation wird gefeiert. Sie soll nun die neue Königin werden. Der alten Königin war die Krone zu schwer geworden, deshalb muss sie sie abgeben. Es gibt ein großes Fest. Dabei kommt auch das Gift, an dem die böse Königin gestorben ist, ins Königinnenmuseum.

Im letzten Spiel ist die böse Königin wieder lebendig. Aber:

> Die böse Königin merkt, dass die gute Königin genug Unterstützung durch einen Zwergenkönig, den sie inzwischen geheiratet hat, bekommen hat. Deshalb beschließt sie – damit sie im Schloss bleiben kann –, eine Dienerin der guten Königin zu werden. Sie kümmert sich nun um die ganze Familie.

Greta erkennt ihre eigene Stärke, dadurch kann sie zulassen, dass die beiden Anteile der Mutter (die gute und die böse Königin, respektive die Hexe) integriert werden können. Die böse Seite muss nicht mehr vernichtet werden, sondern kann dem ganzen Familiensystem dienlich sein.

Interessant ist, dass sie noch nicht bereit ist, die Rolle des Vaters anzuschauen. Der Zwergenkönig, der am Ende auftaucht, ist eher als Bild des neuen Freundes der Mutter zu sehen, der sowohl die Mutter als auch Greta emotional entlastet.

Das trägt sicher zum großen Teil dazu bei, dass sich die Familiensituation entspannt und die Beziehung zwischen Greta und ihrer Mutter sich deutlich von einem partnerschaftlichen in ein Mutter-Tochter-Verhältnis zurückverwandelt.

Greta hat für diesen Prozess nur wenige Stunden benötigt. Nicht immer finden Kinder so schnell zu Lösungen, aber für viele sind ein paar Stunden schon hilfreich, und sie gewinnen dadurch, dass sie die belastende Situation „auf die Bühne bringen", eine Distanz dazu.

17
Schlussbetrachtung

Vieles, was hier erzählt wird, ist aus ungewöhnlich schwierigen Situationen heraus entstanden. Dennoch kann man daraus ablesen, wie Kinder im Allgemeinen mit ihren Problemen fertigwerden können.

Mein Anliegen war es, Einsichten in das kindliche Seelenleben zu ermöglichen, die durch die Betrachtung der kindlichen Spiele eine besondere Tiefe erlangen können. Ich hoffe, dass durch diese Ausführungen manches, was Kinder bewegt, was sie hemmt und fördert, besser verstanden und eingeordnet und so der Alltag von Eltern, aber auch von Pädagogen mit den Kindern bereichert und erleichtert werden kann.

Für viele Kinder, die in seelischen Notlagen sind, ist der Weg zur Gesundung ein oft langwieriger und häufig auch schmerzhafter Prozess, ein Prozess, der von Rückschlägen, Stagnationen und Nebenwegen gekennzeichnet ist.

Wenn die Kinder aber einige Zeit in der Therapie verbringen durften und ihnen damit eine Möglichkeit gegeben wurde, ihre eigenen Lösungen zu finden, wenn die Eltern diesen Prozess begleitet haben und anhand der Geschichten ihrer Kinder (sofern sie den Eltern erzählt werden durften) ein weitaus tieferes Verständnis für deren Situation und Nöte bekommen konnten, als es eine psychologische Erklärung vermocht hätte, dann kann man in äußerst befriedigender Weise erleben, was es bedeutet, wenn Kindern ihr eigener Weg gelassen wird. Wenn ihnen die dafür notwendige Zeit eingeräumt wird, erleben alle Kinder, wie ihnen aus ihrem Spiel Hilfe erwachsen kann. Sie erfahren, wie sie die nächsten notwendigen Entwicklungsschritte gehen können, die sie von ihren Ängsten erlösen, und zwar da, wo diese sich blockierend auf ihr Leben auswirken.

In der Person des Therapeuten, dessen Aufgabe in erster Linie darin besteht, ein um Verständnis bemühter Begleiter, Unterstützer und „Dolmetscher" für die Eltern zu sein, finden sie Lösungen für ihre Schwierigkeiten.

Aber genauso können Kinder auch in vielen Fällen allein oder mit anderen Kindern ihre Schwierigkeiten, das Unverstandene, das Ängstigende in ihrem Leben – sofern es um die alltäglichen Probleme und Konflikte geht oder um die Meisterung anstehender Entwicklungskrisen – einfach im ungestörten und freien Spiel bewältigen.

Der Prozess in der Therapie unterscheidet sich im Wesentlichen nicht vom freien Spiel des Kindes.

Und das ist die Botschaft dieses Buches für alle, die in familiären oder professionellen Bereichen mit Kindern zu tun haben:

Nehmt das Spiel des Kindes ernst!

In der Therapie zeigt sich ein verdichteter Prozess, und dort müssen oft extreme Situationen bearbeitet werden, aber jedem Kind sollte es ermöglicht werden, durch die nötige Zeit, Muße und Anteilnahme des Erwachsenen, im freien Spiel seine Alltagsprobleme, seine Sorgen und Nöte spielend (nicht spielerisch) bearbeiten zu können. Der Appell, der sich damit verbindet, heißt:

> Verplant nicht die Zeit der Kinder, lasst ihnen Entwicklungsraum, nehmt das kognitive Lernen nicht ernster als das emotionale und das soziale Lernen, vertraut auf die Selbstheilungskräfte der Kinder und darauf, dass sie eigentlich ganz genau selbst wissen, was ihnen nottut. Nehmt den Konkurrenz- und Leistungsdruck von ihnen. Seid froh, wenn sie selbstvergessen spielen, und macht euch erst dann Sorgen, wenn sie dazu nicht mehr im Stande sind. Denn dann fehlt ihnen ein wesentliches Mittel, sich zu einem ganzheitlichen Menschen zu entwickeln.

Gewiss, was hier in vielen Variationen geschildert wurde, sind Geschichten, die im behüteten Rahmen einer Therapie entstanden sind. Aber hoffentlich ist deutlich geworden, dass in Kindern ein Potenzial an Selbstheilungskräften steckt, die sie über ihre Symbolisierungsfähigkeit, über die Möglichkeit, Geschehnisse im Spiel umzusetzen und damit aus sich heraus zu setzen, verarbeiten können. Wird ihnen der Raum nicht in genügendem Maße gewährt – und das ist heute leider vermehrt der Fall –, können Ereignisse nicht mehr verarbeitet werden. Sie nisten sich im Seelenleben der Kinder ein und machen krank.

Kindern, die unter permanentem Zeitdruck stehen, weil ihre Nachmittage mit Tätigkeiten verplant sind, die ihnen keine Muße lassen, sich auf innere Prozesse einzulassen, deren Spiel bestimmt wird vom Nützlichkeitsdenken der

Erwachsenen (was lernt man dabei?), mangelt es an echten, im Sinne von selbstbestimmten Spielmöglichkeiten. Viele werden spielunfähig, ein Phänomen, das immer mehr zunimmt, und entbehren dadurch ein wesentliches Mittel der Lebensbewältigung.

Die Zunahme von Verhaltensauffälligkeiten bei Kindern sollte uns zu denken geben.

Kinder brauchen eigene Lebens- und Entwicklungsräume, die nicht vom Erwachsenen bestimmt sind, sie brauchen Zutrauen und Lebenszuversicht, sie brauchen ein gesundes Umfeld und die Chance, sich selbst und ihre eigenen Möglichkeiten zu erfahren und zu erweitern, nicht nur im Sportverein, sondern im selbstvergessenen Spiel allein, mit anderen Kindern, drinnen und vor allem draußen.

Ängstliche Kinder sind Kinder, denen es an Erfahrungen mangelt, die ihnen die Zuversicht ins Leben vermitteln konnten. In diesen Ausführungen sollte deutlich werden, in welcher Form und in welchem Maße Kinder Freiraum dafür brauchen, diese Zuversicht zu erlangen, welche Grundlagen dafür nötig sind und wie Kinder dabei durch den Erwachsenen unterstützt werden können.

Tiefgreifende Ängste, die dem Kind im Wege stehen, sein Leben auszuschöpfen, Dinge zu wagen und Erfahrungen zu machen, bleiben in aller Regel bestehen, und aus ängstlichen Kindern werden ängstliche Erwachsene.

Im besten Fall verabschiedet sich ein Kind von einem Entwicklungsabschnitt zum nächsten, oder – wie hier – nach beendeter Therapie mit einer klaren Botschaft. So wie der kleine Finn, der am Ende der Therapie ein Bild malt, das ihn selbst in einem Boot zeigt, das mit ihm aufs Meer

17 Schlussbetrachtung

Abb. 17.1 Abschied und Neubeginn. Originalzeichnung des Kindes (Archiv Pohl)

hinausfährt, in eine verheißungsvolle Zukunft ohne Angst, und seiner zurückbleibenden Therapeutin fröhlich zuwinkt (s. Abb. 17.1). Das Herz verbindet die beiden, die eine Menge zusammen erlebt und durchlitten haben.

springer.com

Willkommen zu den Springer Alerts

Jetzt anmelden!

- Unser Neuerscheinungs-Service für Sie:
  aktuell *** kostenlos *** passgenau *** flexibel

Springer veröffentlicht mehr als 5.500 wissenschaftliche Bücher jährlich in gedruckter Form. Mehr als 2.200 englischsprachige Zeitschriften und mehr als 120.000 eBooks und Referenzwerke sind auf unserer Online Plattform SpringerLink verfügbar. Seit seiner Gründung 1842 arbeitet Springer weltweit mit den hervorragendsten und anerkanntesten Wissenschaftlern zusammen, eine Partnerschaft, die auf Offenheit und gegenseitigem Vertrauen beruht.

Die SpringerAlerts sind der beste Weg, um über Neuentwicklungen im eigenen Fachgebiet auf dem Laufenden zu sein. Sie sind der/die Erste, der/die über neu erschienene Bücher informiert ist oder das Inhaltsverzeichnis des neuesten Zeitschriftenheftes erhält. Unser Service ist kostenlos, schnell und vor allem flexibel. Passen Sie die SpringerAlerts genau an Ihre Interessen und Ihren Bedarf an, um nur diejenigen Information zu erhalten, die Sie wirklich benötigen.

Mehr Infos unter: springer.com/alert

MIX
Papier aus verantwortungsvollen Quellen
Paper from responsible sources
FSC® C105338

If you have any concerns about our products,
you can contact us on
ProductSafety@springernature.com

In case Publisher is established outside the EU,
the EU authorized representative is:
**Springer Nature Customer Service Center GmbH
Europaplatz 3, 69115 Heidelberg, Germany**

Printed by Libri Plureos GmbH
in Hamburg, Germany